Historia Universal de la Literatura

ROMANCERO

ROMANCERO

Edición de Manuel Alvar

EDICIONES ORBIS, S.A. – EDITORIAL ORIGEN, S.A.

Edición cedida por Editorial Magisterio Español, S.A.

ISBN: 84-7530-116-9
D.L.B. 4722-1983

Impreso y encuadernado por
Printer industria gráfica, s.a. Provenza, 388 Barcelona-25
Sant Vicenç dels Horts

Printed in Spain

ROMANCES DE LA HISTORIA CLÁSICA

ROMANCE DE LA REINA ELENA

—Reina Elena, reina Elena,
¡Dios prospere tu Estado!
si mandáis alguna cosa
veisme aquí a vuestro mandado.
—Bien vengades vos, Paris,
Paris el enamorado.
Paris, ¿dónde vais camino,
dónde tenéis vuestro trato?
—Por la mar ando, señora,
hecho un terrible cosario,
traigo un navío muy rico,
de plata y oro cargado,
llévolo a presentar
a ese buen rey castellano.
Respondiérale la reina,
de esta suerte le ha hablado:
—Tal navío como aquese
razón era de mirarlo.
Respondiérale Paris
muy cortés y mesurado:
—El navío y yo, señora,

somos a vuestro mandado,
—Gran placer tengo, Paris,
como venís bien criado.
—Vayádeslo a ver, señora,
veréis cómo va cargado.
—Pláceme, dijo la reina,
por hacer vuestro mandado.
Con trescientas de sus damas
a la mar se había llegado.
Echó la compuerta Paris
hasta que hubieron entrado;
desque todos fueron dentro
bien oiréis lo que ha mandado:
—¡Alzen áncoras, tiendan velas!
Y a la reina se ha llevado.
Lunes era, caballeros,
lunes fuerte y aciago,
cuando entró por la sala
aquese rey Menelao,
mesándose las sus barbas,
fuertemente sospirando,
sus ojos tornados fuentes,
de la su boca hablando:
—¡Reina Elena, reina Elena,
quien de mí os ha apartado,
aquese traidor Paris,
el señor de los troyanos,
con las sus palabras falsas
malamente os ha engañado!
Cuán bien se lo consolaba
don Agamenón su hermano:
—No lloredes vos, el rey,
no hagades tan gran llanto,
que llorar y sollozar
a las mujeres es dado:

a un tal rey como vos
con el espada en la mano.
Yo os ayudaré, señor,
con treinta mil de caballo,
yo seré capitán de ellos,
y los iré ordenando,
por las tierras donde fuere
iré hiriendo y matando:
la villa que se me diere
haréla yo derribar,
y la que tomare por armas
esa sembraré de sal,
mataré las criaturas
y cuantos en ella están,
y de esta manera iremos
hasta el Troya allegar.
—Buen consejo es ese, hermano,
y así lo quiero tomar.
Ya se sale el buen rey
por la ciudad a pasear,
con trompetas y añafiles
comienzan a pregonar:
quien quisiere ganar sueldo
de grado se lo darán.
Tanta viene de la gente
que era cosa de espantar.
Arman naos y galeras,
comiénzanse de embarcar.
Agamenón los guiaba,
todos van a su mandar.
Por las tierras donde iban
van haciendo mucho mal.
Andando noches y días
a Troya van a llegar;
los troyanos que lo saben

las puertas mandan cerrar.
Agamenón que esto vido
mandó apercibir su real,
pone en orden su gente
como había de estar.
Los troyanos eran muchos
bien repara su ciudad.
Otro día de mañana
la comienzan de escalar,
derriban el primer paño,
de dentro quieren entrar,
sino fuera por don Héctor
que allí se fue a hallar;
con él estaba Troilo
y el esforzado Picar.
Paris esfuerza su gente
que empiezan de desmayar;
las voces eran tan grandes
que al cielo quieren llegar.
Matan tantos de los griegos
que no los saben contar.
Más venían de otra parte
que no hay cuento ni par;
entrado se han por Troya,
ya la empiezan a robar,
prenden al rey y a la reina
y al esforzado Picar.
Matan a Troilo y a Héctor
sin ninguna piedad,
y al gran duque de Troya
ponen en captividad,
y sacan a la reina Elena,
pónenla en su libertad.
Todos le besan las manos
como a reina natural.

Preso llevan a Paris
con mucha riguridad.
Tres pascuas que hay en el año
le sacan a justiciar,
sácanle ambos los ojos,
los ojos de la su faz,
córtanle el pie del estribo,
la mano del gavilán,
treinta quintales de hierro
a sus pies mandan echar,
y el agua hasta la cinta
por que pierda el cabalgar.

ROMANCE DE VERGILIOS

Mandó el rey prender Vergilios
y a buen recaudo poner
por una traición que hizo
en los palacios del rey.
Porque forzó una doncella
llamada doña Isabel,
siete años lo tuvo preso,
sin que se acordase dél;
y un domingo estando en misa
mientes se le vino dél.
—Mis caballeros, Vergilios,
¿qué se había hecho dél?
Allí habló un caballero
que a Vergilios quiere bien:
—Preso lo tiene tu Alteza,
y en tus cárceles lo tien.
—Vía: comer, mis caballeros,
caballeros, vía: comer,

después que hayamos comido
a Vergilios vamos ver.
Allí hablara la reina:
—Yo no comeré sin él.
A las cárceles se van
adonde Vergilios es.
—¿Qué hacéis aquí, Vergilios?
Vergilios, ¿aquí qué hacéis?
—Señor, peino mis cabellos,
y las mis barbas también:
aquí me fueron nacidas,
aquí me han de encanecer:
que hoy se cumplen siete años
que me mandaste prender.
—Calles, calles tú, Vergilios,
que tres faltan para diez.
—Señor, si manda tu Alteza,
toda mi vida estaré.
—Vergilios, por tu paciencia
conmigo irás a comer.
—Rotos tengo mis vestidos,
no estoy para parecer.
—Que yo te los daré, Vergilios,
yo dártelos mandaré.
Plugo a los caballeros
y a las doncellas también;
mucho más plugo a una dueña
llamada Doña Isabel.
Ya llaman un arzobispo,
ya la desposa con él.
Tomárala por la mano,
y llévasela a un vergel.

ROMANCES DEL REY DON RODRIGO
Y LA PÉRDIDA DE ESPAÑA

ROMANCE DEL REY DON RODRIGO, CÓMO ENTRÓ EN TOLEDO EN LA CASA DE HÉRCULES

Don Rodrigo, rey de España,
por la su corona honrar,
un torneo en Toledo
ha mandado pregonar:
sesenta mil caballeros
en él se han ido a juntar.
Bastecido el gran torneo,
queriéndole comenzar,
vino gente de Toledo
por le haber de suplicar
que a la antigua casa de Hércules
quisiese un candado echar,
como sus antepasados
lo solían acostumbrar.
El rey no puso el candado,
mas todos los fue a quebrar,
pensando que gran tesoro
Hércules fuera a dejar.
Entrando dentro en la casa

no fuera otro hallar
sino letras que decían:
Rey has sido por tu mal;
que el rey que esta casa abriere
a España tiene quemar.
Un cofre de gran riqueza
hallaron dentro un pilar,
dentro dél nuevas banderas
con figuras de espantar,
alárabes de caballo
sin poderse menear,
con espadas a los cuellos,
ballestas de buen echar.
Don Rodrigo pavoroso
no curó de más mirar.
Vino un águila del cielo,
la casa fuera quemar.
Luego envía mucha gente
para África conquistar:
veinte y cinco mil caballeros
dio al conde don Julián,
y pasándolos el conde
corría fortuna en la mar:
perdió doscientos navíos,
cien galeras de remar,
y toda la gente suya,
sino cuatro mil no más.

ROMANCE DE LA CAVA

Amores trata Rodrigo:
descubierto ha su cuidado;
a la Cava lo decía,

de quien era enamorado:
miraba su lindo rostro,
miraba su rostro alindado,
sus lindas y blancas manos
él se las está loando.
—Querría que me entendieses
por la vía que te hablo:
darte hia mi corazón,
y estaría al tu mandado.
La Cava, como es discreta,
a burlas lo había echado.
El rey le hace juramento
que de veras se lo ha hablado.
Todavía lo disimula,
y burlando se ha excusado.
El rey va a tener la siesta,
y en un retrete se ha entrado;
con un paje de los suyos
por la Cava ha enviado.
La Cava, muy descuidada,
cumplió luego su mandado.
El rey, luego que la vido,
hale de recio apretado,
haciéndole mil ofertas,
si ella hacía su rogado.
Ella nunca hacerlo quiso,
por cuanto él le ha mandado:
y así el rey lo hizo por fuerza
con ella, y contra su grado.
La Cava se fue enojada,
y en su cámara se ha entrado.
No sabe, si lo decir,
o si lo tener callado.
Cada día gime y llora,
su hermosura va gastando.

Una doncella, su amiga,
mucho en ello había mirado,
y hablóle de esta manera
de esta suerte le ha hablado:
—Agora siento, la Cava,
mi corazón engañado,
en no me decir lo que sientes
de tu tristeza y tu llanto.
La Cava no se lo dice;
mas al fin se lo ha otorgado:
dice como el rey Rodrigo
la ha por fuerza deshonrado,
y porque más bien lo crea,
háselo luego mostrado.
La doncella que lo vido,
tal consejo le ha dado:
—Escríbeselo a tu padre,
tu deshonra demostrando.
La Cava lo hizo luego,
como se lo ha aconsejado,
y da la carta a un doncel
que de la Cava es criado.
Embarcárase en Tarifa,
y en Ceuta la hubo levado,
donde era su padre, el conde,
y en sus manos la hubo dado.
Su madre, como lo supo,
grande llanto ha comenzado.
El conde la consolaba
con que la haría bien vengado
de la deshonra tan grande
que el rey les había causado.

ROMANCE DE CÓMO EL CONDE JULIÁN, PADRE DE LA CAVA, VENDIÓ A ESPAÑA

En Ceupta está Julián,
en Ceupta la bien nombrada:
para la parte de aliende
quiere enviar su embajada;
moro viejo la escrebía,
y el conde se la notaba:
después de haberla escripto,
al moro luego matara.
Embajada es de dolor,
dolor para toda España:
las cartas van al rey moro
en las cuales le juraba
que si le daba aparejo
le dará por suya España.
Madre España, ¡ay de ti!
en el mundo tan nombrada,
de las partidas la mejor,
la mejor y más ufana,
donde nace el fino oro,
y la plata no faltaba,
dotada de hermosura,
y en proezas extremada;
por un perverso traidor
toda eres abrasada,
todas tus ricas ciudades
con su gente tan galana
las domeñan hoy los moros
por nuestra culpa malvada,
si no fueran las Asturias,
por ser la tierra tan brava.
El triste rey don Rodrigo,
el que entonces te mandaba,

viendo sus reinos perdidos
sale a la campal batalla,
el cual en grave dolor
enseña su fuerza brava;
mas tantos eran los moros,
que han vencido la batalla.
No paresce el rey Rodrigo,
ni nadie sabe do estaba.
Maldito de ti, don Orpas,
obispo de mala andanza:
en esta negra conseja
uno a otro se ayudaba.
¡Oh dolor sobre manera!
¡oh cosa nunca cuidada!
que por sola una doncella,
la cual Cava se llamaba,
causen estos dos traidores
que España sea domeñada,
y perdido el rey señor,
sin nunca dél saber nada.

ROMANCE DEL REY DON RODRIGO, CÓMO PERDIÓ A ESPAÑA

Las huestes de don Rodrigo
desmayaban y huían
cuando en la octava batalla
sus enemigos vencían.
Rodrigo deja sus tiendas
y del real se salía:
solo va el desventurado,
que no lleva compañía.
El caballo de cansado

ya mudar no se podía:
camina por donde quiere,
que no le estorba la vía.
El rey va tan desmayado,
que sentido no tenía:
muerto va de sed y hambre,
que de velle era mancilla;
iba tan tinto de sangre,
que una brasa parecía.
Las armas lleva abolladas,
que eran de gran pedrería;
la espada lleva hecha sierra
de los golpes que tenía;
el almete abollado
en la cabeza se le hundía;
la cara lleva hinchada
del trabajo que sufría.
Subióse encima de un cerro
el más alto que veía:
dende allí mira a su gente
cómo iba de vencida.
De allí mira sus banderas,
y estandartes que tenía,
cómo están todos pisados
que la tierra los cubría.
Mira por los capitanes
que ninguno parescía;
mira el campo tinto en sangre,
la cual arroyos corría.
El triste de ver aquesto
gran mancilla en sí tenía:
llorando de los sus ojos
de esta manera decía:
—Ayer era rey de España,
hoy no lo soy de una villa;

ayer villas y castillos,
hoy ninguno poseía;
ayer tenía criados,
hoy ninguno me servía,
hoy no tengo una almena
que pueda decir que es mía.
¡Desdichada fue la hora,
desdichado fue aquel día
en que nací y heredé
la tan grande señoría,
pues lo había de perder
todo junto y en un día!
¡Oh muerte! ¿por qué no vienes
y llevas esta alma mía
de aqueste cuerpo mezquino,
pues te se agradecería?

ROMANCE DEL REY DON RODRIGO CÓMO FUGÓ DE LA BATALLA

Ya se sale de la priesa
el rey Rodrigo cansado;
pusiérase hacia una parte
por de allí mirar su campo:
ve que su gente se apoca,
y cómo va desmayando.
Desque esto vido Rodrigo,
no curó de más mirallo,
porque bien ve que los suyos
ya no pueden soportallo.
Volvió las riendas apriesa,
da de espuelas al caballo;
huyendo va a más andar.

Por un tremedal abajo
violo huir Aliastras,
un su capitán honrado;
acordó seguir tras él,
mas nunca pudo hallarlo.
Desque vio que no le halla,
a Toledo hubo llegado,
donde quedara la corte,
y la reina había quedado.
Pesábale por llevar
de su rey tan mal recaudo;
en entrando por la puerta
comenzó a decir llorando:
—Ya, señora, no sois reina,
ya no tenéis ningun mando,
porque en ocho batallas,
perdistes todo el estado.
Perdistes al rey Rodrigo
el vuestro marido honrado,
porque le vi ir huyendo,
muy malamente llagado,
y que la hora de agora
será muerto o cautivado.
La reina, sin oír más,
cayó tendida en su estrado:
después de grandes cuatro horas
en su sentido ha tornado:
manda a Aliastras que cuente
todo como había pasado.
Aliastras se lo cuenta,
que nada no había dejado.
La reina con gran congoja
dijo: —Ya lo he yo tragado,
porque la noche pasada
un mal sueño había soñado,

y es que veía el rey Rodrigo
con el gesto muy airado,
los ojos vueltos en sangre,
que iba muy apresurado
para ir a vengar la muerte
del desdichado don Sancho,
y que volvía sangriento,
y su cuerpo mal llagado,
y que se llegaba a mí
y me tiraba del brazo,
y decía estas palabras
muy fuertemente llorando:
—Quédate adiós, reina triste,
quédate adiós, que me parto:
los moros me han ya vencido,
los moros me han sojuzgado.
No cures llorar mi muerte,
no cures llorar tu estado,
procúrate de esconder
allá en lo más apartado,
vete luego a las montañas
de aquel reino Asturiano,
porque no hay otro remedio
si quieres quedar en salvo,
porque España y lo demás
todo está ya sujetado.

ROMANCES DE BERNARDO DEL CARPIO

BERNARDO DEL CARPIO

Por las riberas de Arlanza
Bernardo del Carpio cabalga
con un caballo morcillo
enjaezado de grana,
gruesa lanza en la su mano,
armado de todas armas.
Toda la gente de Burgos
le mira como espantada,
porque no se suele armar
sino a cosa señalada.
También lo miraba el rey,
que fuera vuela una garza;
diciendo estaba a los suyos:
—Esta es una buena lanza:
si no es Bernardo del Carpio,
este es Muza el de Granada.
Ellos estando en aquesto,
Bernardo que allí llegaba,
ya sosegado el caballo,
no quiso dejar la lanza;
mas puesta encima del hombro,

al rey de esta suerte hablaba:
—Bastardo me llaman, rey,
siendo hijo de tu hermana,
y del noble Sancho Díaz,
ese conde de Saldaña,
dicen que ha sido traidor,
y mala mujer tu hermana.
Tú y los tuyos lo habéis dicho,
que otro ninguno no osara:
mas quien quiera que lo ha dicho,
miente por medio la barba;
mi padre no fue traidor,
ni mi madre mujer mala,
porque cuando fui engendrado,
ya mi madre era casada.
Pusiste a mi padre en hierros,
y a mi madre en orden santa,
y por que no herede yo
quieres dar tu reino a Francia.
Morirán los castellanos
antes de ver tal jornada:
montañeses, y leoneses,
y esa gente asturiana,
y ese rey de Zaragoza
me prestará su compaña
para salir contra Francia
y darle cruda batalla;
y si buena me saliere,
será el bien de toda España;
si mala, por la república
moriré yo en tal demanda.
Mi padre mando que sueltes,
pues me diste la palabra;
si no, en campo, como quiera
te será bien demandada.

(AL MISMO ASUNTO)

Con cartas y mensajeros
el rey al Carpio envió;
Bernaldo, como es discreto,
de traición se receló;
las cartas echó en el suelo
y al mensajero habló:
—Mensajero eres, amigo,
no mereces culpa, no;
mas al rey que acá te envía
dígasle tú esta razón:
que no lo estimo ya a él,
ni aun cuantos con él son:
mas, por ver lo que me quiere,
todavía allá iré yo.
Y mandó juntar los suyos:
de esta suerte les habló:
—Cuatrocientos sois, los míos,
los que comedes mi pan:
los ciento irán al Carpio,
para el Carpio guardar:
los ciento por los caminos,
que a nadie dejen pasar;
doscientos iréis conmigo
para con el rey hablar;
si mala me la dijere
peor se la he de tornar.
Pos sus jornadas contadas
a la corte fue a llegar.
—Manténgavos Dios, buen rey,
y a cuantos con vos están.
—Mal vengades vos, Bernaldo,
traidor, hijo de mal padre:
dite yo el Carpio en tenencia,

tú tómaslo en heredad.
—Mentides, el rey, mentides,
que no dices la verdad;
que si yo fuese traidor,
a vos os cabría en parte.
Acordársevos debía
de aquella del Encinal,
cuando gentes extranjeras
allí os trataron tan mal,
que os mataron el caballo,
y aun a vos querían matar.
Bernaldo, como traidor,
de entre ellos os fue a sacar:
allí me distes el Carpio
de juro y de heredad:
prometístesme a mi padre,
no me guardaste verdad.
—Prendedlo, mis caballeros,
que igualado se me ha.
—Aquí, aquí, mis doscientos,
los que comedes mi pan,
que hoy era venido el día
que honra habemos de ganar.
El rey, de que aquesto viera,
de esta suerte fue a hablar:
—¿Qué ha sido aquesto, Bernaldo,
que así enojado te has?
¿lo que hombre dice de burla
de veras vas a tomar?
Yo te do el Carpio, Bernaldo,
de juro y de heredad.
—Aquesas burlas, el rey,
no son burlas de burlar;
llamástesme de traidor,
traidor hijo de mal padre:

el Carpio yo no lo quiero,
bien lo podéis vos guardar;
que cuando yo lo quisiere,
muy bien lo sabré ganar.

ROMANCES DEL CONDE FERNÁN GONZÁLEZ

ROMANCE DEL REY DON SANCHO ORDÓÑEZ

Castellanos y leoneses
tienen grandes divisiones.
El conde Fernán González
y el buen rey don Sancho Ordóñez,
sobre el partir de las tierras,
y el poner de los mojones,
llamábanse hi-de-putas,
hijos de padres traidores;
echan mano a las espadas,
derriban ricos mantones;
no les pueden poner treguas
cuantos en la corte son,
pónenselas dos hermanos,
aquestos benditos monjes.
Pónenlas por quince días,
que no pueden por más, non
que se vayan a los prados
que dicen de Carrión.
Si mucho madruga el rey,
el conde no dormía, no;
el conde partió de Burgos,

y el rey partió de León.
Venido se han a juntar
al vado de Carrión,
y a la pasada del río
movieron una quistión:
los del rey que pasarían,
y los del conde que non.
El rey, como era risueño,
la su mula revolvió;
el conde con lozanía
su caballo arremetió;
con el agua y el arena
al buen rey ensalpicó.
Allí hablara el buen rey,
su gesto muy demudado:
—¡Cómo sois soberbio, el conde!
¡cómo sois desmesurado!
si no fuera por las treguas
que los monjes nos han dado,
la cabeza de los hombros
ya vos la hubiera quitado;
con la sangre que os sacara
yo tiñiera aqueste vado.
El conde le respondiera,
como aquel que era osado:
—Eso que decís, buen rey,
véolo mal aliñado;
vos venís en gruesa mula,
yo en ligero caballo;
vos traés sayo de seda,
yo traigo un arnés trenzado;
vos traéis alfanje de oro,
yo traigo lanza en mi mano;
vos traéis cetro de rey,
yo un venablo acerado;

vos con guantes olorosos,
yo con los de acero claro;
vos con la gorra de fiesta,
yo con un casco afinado;
vos traéis ciento de mula,
yo trescientos de caballo.
Ellos en aquesto estando,
los frailes que han allegado:
—¡Tate, tate, caballeros!
¡tate, tate, hijosdalgo!
¡Cuán mal cumplisteis las treguas
que nos habíades mandado!
Allí hablara el buen rey:
—Yo las cumpliré de grado.
Pero respondiera el conde:
—Yo de pies puesto en el campo.
Cuando vido aquesto el rey,
no quiso pasar el vado;
vuélvese para sus tierras;
malamente va enojado.
Grandes bascas va haciendo,
reciamente va jurando
que había de matar al conde
y destruir su condado,
y mandó llamar a cortes;
por los grandes ha enviado:
todos ellos son venidos,
sólo el conde ha faltado.
Mensajero se le hace
a que cumpla su mandado:
el mensajero que fue
de esta suerte le ha hablado.

ROMANCE DEL CONDE FERNÁN GONZÁLEZ

—Buen conde Fernán González,
el rey envía por vos,
que vayades a las cortes
que se hacían en León;
que si vos allá vais, conde,
daros han buen galardón,
daros ha a Palenzuela
y a Palencia la mayor;
daros ha las nueve villas,
con ellas a Carrión;
daros ha a Torquemada,
la torre de Mormojón.
Buen conde, si allá no ides,
daros hían por traidor.
Allí respondiera el conde
y dijera esta razón:
—Mensajero eres, amigo,
no mereces culpa, no;
que yo no he miedo al rey,
ni a cuantos con él son.
Villas y castillos tengo,
todos a mi mandar son,
de ellos me dejó mi padre,
de ellos me ganara yo:
los que me dejó mi padre
poblélos de ricos hombres,
las que yo me hube ganado
poblélas de labradores;
quien no tenía más de un buey,
dábale otro, que eran dos;
al que casaba su hija
dóle yo muy rico don:
cada día que amanece,

por mí hacen oración;
no la hacían por el rey,
que no la merece, non;
él les puso muchos pechos,
y quitáraselos yo.

ROMANCES DE LOS SIETE INFANTES DE LARA

ROMANCE DE DOÑA LAMBRA

A Calatrava la Vieja
la combaten castellanos;
por cima de Guadiana
derribaron tres pedazos;
por los dos salen los moros,
por el uno entran cristianos.
Allá dentro de la plaza
fueron a armar un tablado,
que aquel que lo derribare
ganará de oro un escaño.
Este don Rodrigo de Lara,
que ese lo había ganado,
el conde Garci-Hernández sobrino
y de doña Sancha es hermano,
el conde Garci-Hernández
se lo llevó presentado,
que le trate casamiento
con aquesta doña Lambra.
Ya se trata casamiento,
¡hecho fue en hora menguada!
doña Lambra de Burueva

con don Rodrigo de Lara.
Las bodas fueron en Burgos,
las tornabodas en Salas:
en bodas y en tornabodas
pasaron siete semanas.
Tantas vienen de las gentes,
que no caben por las plazas,
y aún faltaban por venir
los siete infantes de Lara.
Hélos, hélos por do vienen,
con toda la su compaña:
saliólos a recebir
la su madre doña Sancha:
—Bien vengades, los mis hijos,
buena sea vuestra llegada:
allá iredes a posar
a esa cal de Canta-ranas;
hallaréis las mesas puestas,
viandas aparejadas.
Desque hayáis comido, hijos,
no salgades a las plazas,
porque las gentes son muchas,
y trábanse muchas barajas.
Desque todos han comido
van a bohordar a la plaza:
no salen los siete infantes,
que su madre se lo mandara;
mas desque hubieron comido
siéntanse a jugar las tablas.
Tiran unos, tiran otros,
ninguno bien bohordaba.
Allí salió un caballero
de los de Córdoba la llana,
bohordó hacia el tablado
y una vara bien tirara.

Allí hablara la novia,
de esta manera hablara:
—Amad, señoras, amad
cada una en su lugar,
que más vale un caballero
de los de Córdoba la llana,
que no veinte ni treinta
de los de la casa de Lara.
Oídolo había doña Sancha,
de esta manera hablara:
—No digáis eso, señora,
no degades tal palabra,
porque aun hoy os desposaron
con don Rodrigo de Lara.
—Mal calláis vos, doña Sancha,
que no debéis ser escuchada,
que siete hijos paristes
como puerca encenegada.
Oídolo había el ayo
que a los infantes criaba:
de allí se había salido,
triste se fue a su posada:
halló que estaban jugando
los infantes a las tablas,
si no era el menor de ellos,
Gonzalo González se llama;
recostado lo halló
de pechos en una baranda.
—¿Cómo venís triste, amo?
decí ¿quién os enojara?
Tanto le rogó Gonzalo,
que el ayo se lo contara:
—Mas mucho os ruego, mi hijo,
que no salgáis a la plaza.
No lo quiso hacer Gonzalo;

mas antes tomó una lanza,
caballero en un caballo
vase derecho a la plaza:
vido estar el tablado
que nadie lo derribara.
Enderezóse en la silla,
con él en el suelo daba;
desque lo hubo derribado,
de esta manera hablara:
—Amade, putas, amad,
cada una en su lugar,
que más vale un caballero
de los de la casa de Lara,
que cuarenta ni cincuenta
de los de Córdoba la llana.
Doña Lambra, que esto oyera,
bajóse muy enojada;
sin aguardar a los suyos
fuese para su posada,
halló en ella a don Rodrigo,
de esta manera le habla:
—Yo me estaba en Barbadillo,
en esa mi heredad;
mal me quieren en Castilla
los que me habían de aguardar.
Los hijos de doña Sancha
mal amenazado me han
que me cortarían las faldas
por vergonzoso lugar,
y cebarían sus halcones
dentro de mi palomar,
y me forzarían mis damas
casadas y por casar.
Matáronme un cocinero
so faldas del mi brial.

Si de esto no me vengáis,
yo mora me iré a tornar.
Allí habló don Rodrigo,
bien oiréis lo que dirá:
—Callades, la mi señora,
vos no digades atal.
De los infantes de Salas
yo vos pienso de vengar.
Telilla les tengo ordida,
bien gela cuido tramar,
que nacidos y por nacer
de ello tengan que contar.

MUERTE DE LOS INFANTES DE LARA

Saliendo de Canicosa
por el val de Arabiana,
donde don Rodrigo espera
los hijos de la su hermana,
por campo de Palomares
vio venir muy gran compaña,
muchas armas reluciendo,
mucha adarga bien labrada,
mucho caballo ligero,
mucha lanza relumbraba,
mucho estandarte y bandera
por los aire revolaba.
La seña que viene en ellas
es media luna cortada;
Alá traen por apellido,
a Mahoma a voces llaman;
tan altos daban los gritos,
grande mal significaban:

—¡Mueran, mueran, van diciendo,
los siete infantes de Lara!
¡Venguemos a don Rodrigo,
pues que tiene de ellos saña!
Allí está Nuño Salido,
el ayo que los criara;
como vee la gran morisma,
de esta manera les habla:
—¡Oh los mis amados hijos!
¡quién vivo no se hallara
por no ver tan gran dolor
como agora se esperaba!
Si no os hubiera criado,
no sintiera tanta rabia;
mas quiéroos tanto, mis hijos,
que se me arrancaba el alma,
¡Ciertamente nuestra muerte
está bien aparejada!
No podemos escapar
de tanta gente pagana.
Vendamos bien nuestros cuerpos,
y miremos por las almas;
peleemos como buenos,
las muertes queden vengadas;
ya que lleven nuestras vidas,
que las dejen bien pagadas.
No nos pese de la muerte,
pues va tan bien empleada,
pues morimos todos juntos
como buenos, en batalla.
Como los moros se acercan,
a cada uno por sí abraza;
cuando llega Gonzalvico,
en la cara le besara:
—¡Hijo Gonzalo González;

de lo que más me pesaba
es de lo que sentirá
vuestra madre doña Sancha!
érades su claro espejo;
más que a todos os amaba.
En esto los moros llegan,
traban con ellos batalla,
los infantes los reciben
con sus adargas y lanzas:
—Santiago, Santiago,
a grandes voces llamaban:
matan infinitos moros;
mas todos ellos allí quedaran.

PRESENTA ALMANZOR A GUSTOS LAS CABEZAS DE SUS HIJOS

Pártese el moro Alicante
víspera de Sant Cebrián;
ocho cabezas llevaba,
todas de hombres de alta sangre.
Sábelo el rey Almanzor,
a recibírselo sale;
aunque perdió muchos moros,
piensa en esto bien ganar.
Manda hacer un tablado
para mejor las mirar,
mandó traer un cristiano
que estaba en captividad.
Como ante sí lo trujeron
empezóle de hablar,
díjole: —Gonzalo Gustos,
mira quién conocerás;

que lidiaron mis poderes
en el campo de Almenar:
sacaron ocho cabezas,
todas son de gran linaje.
Respondió Gonzalo Gustos:
—Presto os diré la verdad.
Y limpiándoles la sangre,
asaz se fuera a turbar;
dijo llorando agramente:
—¡Conóscolas por mi mal!
la una es de mi carillo;
¡las otras me duelen más!
de los infantes de Lara
son, mis hijos naturales.
Así razona con ellos,
como si vivos hablasen:
—¡Dios os salve, el mi compadre,
el mi amigo leal!
¿Adónde son los mis hijos
que yo os quise encomendar?
Muertos sois como buen hombre,
como hombre de fiar.
Tomara otra cabeza
del hijo mayor de edad:
—Sálveos Dios, Diego González,
hombre de muy gran bondad,
del conde Fernán González
alférez el principal:
a vos amaba yo mucho,
que me habíades de heredar.
Alimpiándola con lágrimas
volviérala a su lugar,
y toma la del segundo,
Martín Gómez que llamaban:
—Dios os perdone, el mi hijo,

hijo que mucho preciaba;
jugador era de tablas
el mejor de toda España,
mesurado caballero,
muy buen hablador en plaza.
Y dejándola llorando,
la del tercero tomaba:
—Hijo Suero Gustos,
todo el mundo os estimaba;
el rey os tuviera en mucho,
sólo para la su caza:
gran caballero esforzado,
muy bien bracero a ventaja.
¡Ruy Gómez vuestro tío
estas bodas ordenara!
Y tomando la del cuarto,
lasamente la miraba:
—¡Oh hijo Fernán González,
(nombre del mejor de España,
del buen conde de Castilla,
aquel que vos baptizara)
matador de puerco espín,
amigo de gran campaña!
nunca con gente de poco
os viera en alianza.
Tomó la de Ruy Gómez,
de corazón la abrazaba:
—¡Hijo mío, hijo mío!
¿quién como vos se hallara?
nunca le oyeron mentira,
nunca por oro ni plata;
animoso, buen guerrero,
muy gran feridor de espada,
que a quien dábades de lleno
tullido o muerto quedaba.

Tomando la del menor,
el dolor se le doblara:
—¡Hijo Gonzalo González!
¡Los ojos de doña Sancha!
¿qué nuevas irán a ella
que a vos más que a todos ama?
Tan apuesto de persona,
decidor bueno entre damas,
repartidor en su haber,
aventajado en la lanza.
¡Mejor fuera la mi muerte
que ver tan triste jornada!
Al duelo que el viejo hace,
toda Córdoba lloraba,
y mandó a una morica
lo sirviese muy de gana.
Ésta le torna en prisiones,
y con hambre le curaba.
Hermana era del rey,
doncella moza y lozana;
con esta Gonzalo Gustos
vino a perder su saña,
que de ella le nació un hijo
que a los hermanos vengara.

ROMANCE DE DON RODRIGO DE LARA

A cazar va don Rodrigo,
y aun don Rodrigo de Lara;
con la gran siesta que hace
arrimándose ha a una haya,

maldiciendo a Mudarrillo,
hijo de la renegada,
que si a las manos le hubiese,
que le sacaría el alma.
El señor estando en esto
Mudarrillo que asomaba:
—Dios te salve, caballero,
debajo la verde haya.
—Así haga a tí, escudero,
buena sea tu llegada.
—Dígasme tú, el caballero,
¿cómo era la tu gracia?
—A mí dicen don Rodrigo,
y aun don Rodrigo de Lara,
cuñado de Gonzalo Gustos,
hermano de doña Sancha;
por sobrinos me los hube
los siete infantes de Salas.
Espero aquí a Mudarrillo,
hijo de la renegada;
si delante lo tuviese,
yo le sacaría el alma.
—Si a ti dicen don Rodrigo
y aun don Rodrigo de Lara,
a mí Mudarra Gonzales,
hijo de la renegada,
don Gonzalo Gustos hijo,
y alnado de doña Sancha:
por hermanos me los hube
los siete infantes de Salas:
tú los vendiste, traidor,
en el val de Arabiana;
mas si Dios a mí me ayuda,
aquí dejaras el alma.
—Espéresme, don Gonzales,

iré a tomar las mis armas.
—El espera que tú diste
a los infantes de Lara:
"aquí morirás, traidor,
enemigo de doña Sancha".

ROMANCES DEL CID

DE CÓMO DIEGO LAÍNEZ, PADRE DEL CID, PROBÓ DE LOS CUATRO HIJOS QUE TENÍA, EL MÁS VALIENTE

Ese buen Diego Laínez
después que hubo yantado,
hablando está sobre mesa
con sus hijos todos cuatro.
Los tres son de su mujer,
pero el otro era bastardo,
y aquel que bastardo era,
era el buen Cid Castellano.
Las palabras que les dice
son de hombre lastimado:
–Hijos, mirad por la honra,
que yo vivo deshonrado;
que porque quité una liebre
a unos galgos que cazando
hallé del conde famoso,
llamado conde Lozano;
palabras sucias y viles
me ha dicho y ultrajado.
¡A vosotros toca, hijos,

no a mí que soy anciano!
Estas palabras diciendo,
al mayor había tomado:
queriendo hablarle en secreto
metióle en un apartado;
tomóle el dedo en la boca,
fuertemente le ha apretado:
con el gran dolor que siente,
un grito terrible ha echado.
El padre le echara fuera,
que nada le hubo hablado.
A los dos metiera juntos,
que de los tres han quedado,
la misma prueba les hizo,
el mismo grito habían dado.
Al Cid metiera el postrero,
que era el menor y bastardo.
Tomóle el dedo en la boca,
muy recio se lo ha apretado:
con el gran dolor que siente
un bofetón le ha amagado.
—Aflojad, padre, le dijo,
si no, seré mal criado.
El padre que aquesto vido,
grandes abrazos le ha dado.
—Ven acá tú, hijo mío,
ven acá tú, hijo amado,
a ti encomiendo mis armas,
mis armas, y aqueste cargo:
que tú mates ese conde
si quieres vivir honrado.
El Cid calló y escuchólo,
respuesta no le ha tornado.
A cabo de pocos días
el Cid al conde ha topado;

hablóle de esta manera
como varón esforzado:
—Nunca lo pensara, el conde,
fuérades tan mal criado,
que porque quitó una liebre
mi padre a un vuestro galgo,
de palabra ni de obras
fuese de vos denostado.
¿Cómo queredes que sea
que tiene que ser vengado?
El conde tomólo a burlas;
el Cid presto se ha enojado;
apechugó con el conde,
de puñaladas le ha dado.

ROMANCE DE CÓMO VINO EL CID A BESAR LAS MANOS AL REY SOBRE SEGURO

Cabalgaba Diego Laínez
al buen rey besar la mano;
consigo se los llevaba
los trescientos hijosdalgo.
Entre ellos iba Rodrigo
el soberbio castellano;
todos cabalgan a mula,
solo Rodrigo a caballo;
todos visten oro y seda,
Rodrigo va bien armado;
todos espadas ceñidas,
Rodrigo estoque dorado;
todos con sendas varicas,
Rodrigo lanza en la mano;

todos guantes olorosos,
Rodrigo guante mallado;
todos sombreros muy ricos,
Rodrigo casco afilado,
y encima del casco lleva
un bonete colorado.
Andando por un camino,
unos con otros hablando,
allegados son a Burgos;
con el rey se han encontrado.
Los que vienen con el rey
entre sí van razonando;
unos lo dicen de quedo,
otros lo van preguntando:
—Aquí viene entre esta gente
quien mató al conde Lozano.
Como lo oyera Rodrigo,
en hito los ha mirado:
con alta y soberbia voz
de esta manera ha hablado:
—Si hay alguno entre vosotros,
su pariente o adeudado,
que le pese de su muerte,
salga luego a demandallo;
yo se lo defenderé
quiera a pie, quiera a caballo.
Todos responden a una:
—Demándelo su pecado.
Todos se apearon juntos
para el rey besar la mano;
Rodrigo se quedó solo
encima de su caballo.
Entonces habló su padre,
bien oiréis lo que ha hablado:
—Apeaos vos, mi hijo,

besaréis al rey la mano,
porque él es vuestro señor,
vos, hijo, sois su vasallo.
Desque Rodrigo esto oyó
sintióse más agraviado:
las palabras que responde
son de hombre muy enojado.
—Si otro me lo dijera,
ya me lo hubiera pagado;
mas por mandarlo vos, padre,
yo lo haré de buen grado.
Ya se apeaba Rodrigo
para el rey besar la mano;
al hincar de la rodilla,
el estoque se ha arrancado.
Espantóse de esto el rey,
y dijo como turbado:
—Quítate, Rodrigo, allá,
quítate me allá, diablo,
que tienes el gesto de hombre,
y los hechos de león bravo.
Como Rodrigo esto oyó,
apriesa pide el caballo:
con una voz alterada,
contra el rey así ha hablado:
—Por besar mano de rey
no me tengo por honrado;
porque la besó mi padre
me tengo por afrentado.
En diciendo estas palabras
salido se ha del palacio:
consigo se los tornaba
los trescientos hijosdalgo:
si bien vinieron vestidos,
volvieron mejor armados,

y si vinieron en mulas,
todos vuelven en caballos.

ROMANCE A JIMENA GÓMEZ

Cada día que amanece
veo quien mató a mi padre,
y me pasa por la puerta
por me dar mayor pesar,
con un falcón en la mano
que trae para cazar;
mátame mis palomillas
que están en mi palomar.
Rey que no face justicia
non debía de reinar,
ni cabalgar en caballo,
ni con la reina holgar.
El rey cuando aquesto oyera
comenzara de pensar:
—Si yo prendo o mato al Cid,
mis Cortes revolverse han.
Mandar le quiero una carta,
mandar le quiero llamar.
Las palabras no son dichas,
la carta camino va;
mensajero que la lleva
dado la había a su padre.
—Malas mañas habéis, conde,
no vos las puedo quitar,
que cartas que el rey vos manda,
no me las queréis mostrar.
—No era nada, mi hijo,
sino que vades allá;
quedavos aquí, mi hijo,

yo iré en vuestro lugar.
—Nunca Dios atal quisiese,
ni santa María lo mande,
sino que adonde vos fuéredes
que vaya yo delante.

ROMANCE DEL CID RUY DÍAZ

Por el val de las Estacas
el buen Cid pasado había:
a la mano izquierda deja
la villa de Constantina.
En su caballo Babieca,
muy gruesa lanza traía;
va buscando al moro Abdalla,
que enojado le tenía.
Travesando un antepecho,
y por una cuesta arriba,
dábale el sol en las armas,
¡oh, cuán bien que parecía!
Vido ir al moro Abdalla
por un llano que allí había,
armado de fuertes armas,
muy ricas ropas traía.
Dábalo voces el Cid;
de esta manera decía:
—Espéresme, moro Abdalla,
no muestres tú cobardía.
A las voces que el Cid daba,
el moro le respondía:
—Muchos tiempos ha, el Cid,
que esperaba yo este día,
porque no hay hombre nacido
de quien yo me escondería;

porque desde mi niñez
siempre huí de cobardía.
—Alabarte, moro Abdalla,
poco te aprovecharía;
mas si eres cual tú hablas
en esfuerzo y valentía,
a tiempo eres venido,
que menester te sería.
Estas palabras diciendo,
contra el moro arremetía;
encontróle con la lanza,
y en el suelo lo derriba;
cortárale la cabeza,
sin le hacer cortesía.

EL REY Y EL CID A ROMA

Rey don Sancho, rey don Sancho,
cuando en Castilla reinó,
corrió a Castilla la Vieja
de Burgos hasta León,
corrió todas las Asturias
dentro hasta San Salvador,
también corrió a Santillana,
y dentro en Navarra entró,
y a pesar del rey de Francia
los puertos de Aspa pasó.
Siete días con sus noches
en el campo le esperó.
Desque vio que no venía
a Castilla se volvió.
Luego le vinieron cartas
de ese padre de Aviñón,
que se vaya para Roma,

y le alzarán emperador;
que lleve treinta de mula,
y de caballo que non,
y que no lleve consigo
ese Cid Campeador;
que las Cortes estén en paz,
no las revolviese, non.
El Cid cuando lo supo
a las Cortes se partió
con trescientos de a caballo,
todos hijosdalgo son.
—Mercedes, buen rey, mercedes,
otorgádmelas, señor,
que cuando fuereis a Roma,
que me llevedes con vos,
que por las tierras do fuéredes
yo sería el gastador,
hasta salir de Castilla,
de mis haberes gastando;
cuando fuéremos por Francia
el campo iremos robando,
por ver si algún francés
saldría a demandallo.
A sus jornadas contadas
a Roma se han llegado;
apeado se ha el buen rey,
al Papa besó la mano;
también sus caballeros,
que se lo habían enseñado;
no lo hizo el buen Cid,
que no lo había acostumbrado.
En la capilla de San Pedro
don Rodrigo se ha entrado,
viera estar siete sillas
de siete reyes cristianos;

viera la del rey de Francia
par de la del Padre santo,
y vio estar la de su rey
un estado más abajo:
vase a la del rey de Francia,
con el pie la ha derrocado,
la silla era de oro,
hecho se ha cuatro pedazos;
tomara la de su rey,
y subióla en lo más alto.
Ende hablara un duque
que dicen el saboyano:
—Maldito seas, Rodrigo,
del Papa descomulgado,
que deshonraste a un rey,
el mejor y más sonado.
Cuando lo oyó el buen Cid,
tal respuesta le ha dado:
—Dejemos los reyes, duque,
ellos son buenos y honrados,
y hayámoslo los dos
como muy buenos vasallos.
Y allegóse cabe el duque,
un gran bofetón le ha dado.
Allí hablara el duque:
¡Demándetelo el diablo!
El Papa desque lo supo
quiso allí descomulgallo.
Don Rodrigo que lo supo,
tal respuesta le hubo dado:
—Si no me absolvéis, el Papa,
seríaos mal contado:
que de vuestras ricas ropas
cubriré yo mi caballo.
El Papa desque lo oyera,

tal respuesta le hubo dado:
—Yo te absuelvo, don Rodrigo,
yo te absuelvo de buen grado,
que cuanto hicieres en Cortes
seas de ello libertado.

ROMANCE DEL REY DON FERNANDO PRIMERO

Doliente estaba, doliente,
ese buen rey don Fernando;
los pies tiene cara oriente
y la candela en la mano.
A la cabecera tiene
los sus fijos todos cuatro.
Los tres eran de la reina,
y el uno era bastardo.
Ese que bastardo era
quedaba mejor librado;
arzobispo es de Toledo
y en las Españas perlado.
—Si yo no muriera, hijo,
vos fuérades Padre Santo,
mas con la renta que os queda,
bien podréis, hijo, alcanzarlo.

ROMANCE DE LAS QUEJAS DE LA INFANTA CONTRA EL CID RUY DÍAZ

Afuera, afuera, Rodrigo,
el soberbio castellano,

acordársete debría
de aquel tiempo ya pasado
cuando fuiste caballero
en el altar de Santiago,
cuando el rey fue tu padrino,
tú, Rodrigo, el ahijado:
mi padre te dio las armas,
mi madre te dio el caballo,
yo te calcé las espuelas
por que fueses más honrado:
que pensé casar contigo,
no lo quiso mi pecado,
casaste con Jimena Gómez,
hija del conde Lozano:
con ella hubiste dineros,
conmigo hubieras Estado.
Bien casaste tú, Rodrigo,
muy mejor fueras casado;
dejaste hija de rey,
por tomar de su vasallo.
—Si os parece, mi señora,
bien podemos desligallo.
—Mi ánima penaría
si yo fuese en discrepallo.
—Afuera, afuera, los míos,
los de a pie y los de a caballo,
pues de aquella torre mocha
una vira me han tirado.
No traía el asta hierro,
el corazón me han pasado,
ya ningún remedio siento
sino vivir más penado.

ROMANCES DE SANCHO SEGUNDO
Y DEL CERCO DE ZAMORA

ROMANCE DEL REY DON SANCHO DE CASTILLA

Rey don Sancho, rey don Sancho,
cuando en Castilla reinó
le salían las sus barbas,
¡y cuán poco las logró!
A pesar de los franceses
los puertos de Aspa pasó;
siete días con sus noches
en campo los aguardó,
y viendo que no venían
a Castilla se volvió.
Matara el conde de Niebla,
y el condado le quitó,
y a su hermano don Alonso
en las cárceles lo echó,
y después que lo echara
mandó hacer un pregón
que el que rogase por él
que le diesen por traidor.
No hay caballero, ni dama,
que por él rogase, no,

sino fuera una su hermana
que al rey se lo pidió:
—Rey don Sancho, rey don Sancho,
mi hermano y mi señor,
cuando yo era pequeña
prometístesme un don;
agora que soy crecida,
otorgásmelo, señor.
—Pedidlo vos, mi hermana;
mas con una condicion,
que no me pidáis a Burgos,
a Burgos, ni a León,
ni a Valladolid la rica,
ni a Valencia de Aragón:
de todo lo otro, mi hermana,
no se os negará, no.
—Que no os pido yo a Burgos,
a Burgos, ni a León,
ni a Valladolid la rica,
ni a Valencia de Aragón:
mas pídoos a mi hermano,
que lo tenéis en prisión.
—Pláceme, dijo, hermana,
mañana os lo daré yo.
—Vivo lo habéis de dar, vivo,
vivo, que no muerto, no.
—Mal hayas tú, hermana,
y quien tal te aconsejó,
que mañana, de mañana,
muerto te lo diera yo.

RETOS DE LOS DOS CABALLEROS ZAMORANOS

Riberas de Duero arriba
cabalgan dos zamoranos:
las armas llevan blancas,
caballos rucios rodados,
con sus espadas ceñidas,
y sus puñales dorados,
sus adargas a los pechos,
y sus lanzas en las manos,
ricas capas aguaderas
por ir más disimulados,
y por un repecho arriba
arremeten los caballos:
que, según dicen las gentes,
padre e hijo son entrambos.
Palabras de gran soberbia
entre los dos van hablando:
que se matarán con tres,
lo mesmo harán con cuatro,
y si cinco les saliesen,
que no les huirían el campo,
con tal que no fuesen primos
ni menos fuesen hermanos,
ni de la casa del Cid,
ni de sus paniaguados,
ni de las tiendas del rey,
ni de sus leales vasallos:
de todos los otros que haya,
salgan los mas esforzados.
Tres condes lo han oído,
todos tres eran cuñados.
—Atendednos, caballeros,
que nos estamos armando.

mientras los condes se arman,
el padre al hijo ha hablado:
—Tú bien vees, hijo mío,
aquellos tablados altos
donde dueñas y doncellas
nos están de allí mirando;
si lo haces como bueno,
serás de ellas muy honrado;
si lo haces como malo,
serás de ellas ultrajado;
más vale morir con honra
que no vivir deshonrado,
que el morir es una cosa
que a cualquier nacido es dado.
Estas palabras diciendo,
los condes han allegado.
A los encuentros primeros
el viejo uno ha derrocado;
vuelve la cabeza el viejo,
vido al hijo mal tratado,
arremete para allá,
y otro conde ha derribado;
el otro desque esto vido
vuelve riendas al caballo;
los dos iban en su alcance;
en Zamora lo han cerrado.

ROMANCE DEL REY DON SANCHO

—¡Rey don Sancho, rey don Sancho!
no digas que no te aviso
que de dentro de Zamora
un alevoso ha salido:

llámase Vellidos Dolfos,
hijo de Dolfos Vellido,
cuatro traiciones ha hecho,
y con esta serán cinco.
Si gran traidor fue su padre,
mayor traidor es el hijo.
Gritos dan en el real:
—¡A don Sancho han mal herido:
muerto le ha Vellidos Dolfos,
gran traición ha cometido!
Desque le tuviera muerto,
metióse por un postigo,
por las calles de Zamora
va dando voces y gritos:
—Tiempo era, doña Urraca,
de cumplir lo prometido.

ROMANCE CÓMO DIEGO ORDÓÑEZ REPTÓ LOS DE ZAMORA

Ya se sale Diego Ordóñez,
del real se ha salido
armado de piezas dobles
en un caballo morcillo.
Va a reptar los zamoranos
con gran enojo encendido
por el alevosa muerte
del rey don Sancho su primo.
Vido estar a Arias Gonzalo
asomado en un castillo;
puso piernas al caballo,
hacia él corriendo ha ido;
con alta voz temerosa,

de esta suerte le ha dicho:
—Yo os riepto, zamoranos,
por traidores conocidos:
matastes al rey don Sancho,
y en la villa fue acogido
el traidor que hizo este mal,
y traidores habéis sido.
Sobre esto riepto los muertos,
sobre esto riepto los vivos,
sobre esto riepto los hombres,
y también riepto los niños:
sobre esto riepto las yerbas,
y las aguas de los ríos.
Esto oyendo Arias Gonzalo,
de esta suerte ha respondido:
—Si cual tú dices soy yo,
no debiera ser nacido;
mas hablas como enojado,
y no como hombre entendido.
¿Qué culpa tienen los muertos
de lo que hacen los vivos?
Y en lo que hacen los hombres
¿qué culpa tienen los niños,
ni las aguas, ni las yerbas,
que son cosas sin sentido?
Mas bien sabes que en España
antigua costumbre ha sido
que hombre que riepta concejo,
haya de lidiar con cinco,
y si alguno le venciese,
el concejo queda quito.
En oír esto don Diego
hallóse muy arrepiso;
dijo: —La razón que tengo
me disculpa de lo dicho,

y si mi lengua ha errado,
no mi intención y sentido.
Mas yo acepto, Arias Gonzalo,
con los cinco el desafío;
o los mataré en el campo,
o dirán lo que yo digo.
—En buen hora sea, don Diego,
Arias Gonzalo le dijo,
a Dios pongo por juez
porque es justo su juicio.
Plegue a él que así os ayude
como es verdad vuestro dicho,
porque la muerte del rey
permisión de Dios ha sido,
porque quebrantó el mandato
que el rey su padre le hizo.
Así, creo, morirán
los que siguen su partido.
Seis regidores llamaron
de la villa para oíllo;
tres o nueve días de plazo
tomaron para cumplillo.

ROMANCE DE LA TRISTEZA QUE RECIBIERON LOS ZAMORANOS POR EL RIEPTO

Tristes van los zamoranos
metidos en gran quebranto;
reptados son de traidores,
de alevosos son llamados:
más quieren ser todos muertos,
que no traidores nombrados.
Día era de San Millán,

ese día señalado;
todos duermen en Zamora,
mas no duerme Arias Gonzalo.
Acerca de las dos horas
del lecho se ha levantado:
castigando está sus hijos,
a todos cuatro está armando:
las palabras que les dice
son de mancilla y quebranto:
—Ayúdeos Dios, hijos míos,
guárdeos Dios, hijos amados,
pues sabéis cuán falsamente
habemos sido reptados:
tomad esfuerzo, mis hijos,
si nunca lo habéis tomado,
acordaos que descendéis
de la sangre de Laín Calvo,
cuya noble fama y gloria
hasta hoy no se ha olvidado,
pues que sabéis que don Diego
es caballero preciado,
pero mantiene mentira,
y Dios de ello no es pagado:
el que de verdad se ayuda,
de Dios siempre es ayudado.
Uno falta para cinco,
porque no sois más de cuatro;
yo seré el quinto, y primero
que quiero salir al campo.
Morir quiero, y no ver muerte
de hijos que tanto amo.
Mis hijos, Dios os bendiga
como os bendice mi mano.
Sus armas pide el buen viejo,
sus hijos le están armando;

las grebas le están poniendo,
doña Urraca había entrado;
los brazos le echara encima,
muy fuertemente llorando:
—¿Dónde vais, mi padre viejo,
o para qué estáis armado?
Dejad las armas pesadas,
que ya sois viejo cansado,
pues que sabéis si vos morís
perdido es todo mi estado.
Acordaos que prometisteis
a mi padre don Fernando
de nunca desampararme,
ni dejar de vuestra mano.
—Pláceme, señora hija,
respondió Arias Gonzalo.
Cabalgara Pedro D'Arias
su hijo, que era el mediano,
que aunque era mozo de días,
era en obras esforzado.
Dijo: —Cabalgad, mi hijo,
que os esperan en el campo:
vais en tal hora y tal punto
que nos saquéis de cuidado.
Sin poner pie en el estribo
Arias Pedro ha cabalgado:
por aquel postigo viejo
galopando ha llegado
donde estaban los jueces
que le estaban esperando.
Partido les han el sol,
dejado les han el campo.

ROMANCES DEL CID
Y ALFONSO SEXTO

ROMANCE DEL JURAMENTO QUE TOMÓ EL CID AL REY DON ALONSO

En Sancta Gadea de Burgos,
do juran los hijosdalgo,
allí le toma la jura
el Cid al rey castellano.
Las juras eran tan fuertes,
que al buen rey ponen espanto;
sobre un cerrojo de hierro
una ballesta de palo:
—Villanos te maten, Alonso,
villanos, que non hidalgos,
de las Asturias de Oviedo,
que no sean castellanos;
mátente con aguijadas,
no con lanzas ni con dardos;
con cuchillos cachicuernos,
no con puñales dorados;
abarcas traigan calzadas,
que no zapatos con lazo;
capas traigan aguaderas,
no de contray, ni frisado;

con camisones de estopa,
no de holanda, ni labrados;
caballeros vengan en burras,
que no en mulas ni en caballos;
frenos traigan de cordel,
que no cueros fogueados.
Mátente por las aradas,
que no en villas ni en poblado,
sáquente el corazón
por el siniestro costado,
si no dijeres la verdad
de lo que te fuere preguntado,
si fuiste, ni consentiste
en la muerte de tu hermano.
Jurado había el rey,
que en tal nunca se ha hallado;
pero allí hablara el rey
malamente y enojado:
—Muy mal me conjuras, Cid,
Cid, muy mal me has conjurado;
mas hoy me tomas la jura,
mañana me besarás la mano.
—Por besar mano de rey
no me tengo por honrado;
porque la besó mi padre
me tengo por afrentado.
—Vete de mis tierras, Cid,
mal caballero probado,
y no vengas más a ellas
dende este día en un año.
—Pláceme, dijo el buen Cid,
pláceme, dijo, de grado,
por ser la primera cosa
que mandas en tu reinado.
Tú me destierras por uno,

yo me destierro por cuatro.
Ya se parte el buen Cid,
sin al rey besar la mano,
con trescientos caballeros;
todos eran hijosdalgo;
todos son hombres mancebos,
ninguno no había cano.
Todos llevan lanza en puño
y el hierro acicalado,
y llevan sendas adargas,
con borlas de colorado;
mas no le faltó al buen Cid
adonde asentar su campo.

ROMANCE DE LA REPREHENSIÓN QUE HIZO EL CID AL REY DON ALONSO

En las almenas de Toro,
allí estaba una doncella,
vestida de paños negros,
relucientes como estrella:
pasara el rey don Alonso,
enamorado se había de ella,
dice: —Si es hija de rey
que se casaría con ella,
y si es hija de duque
serviría por manceba.
Allí hablara el buen Cid,
estas palabras dijera:
—Vuestra hermana es, señor,
vuestra hermana es aquella.
—Si mi hermana es, dijo el rey,
¡fuego malo encienda en ella!

llámenme mis ballesteros;
tírenle sendas saetas,
y a aquel que la errare
que le corten la cabeza.
Allí hablara el buen Cid,
de esta suerte respondiera:
—Mas aquel que la tirare,
pase por la misma pena.
—Idos de mis tiendas, Cid,
no quiero que estéis en ellas.
—Pláceme, respondió el Cid,
que son viejas, y no nuevas;
irme he yo para las mías,
que son de brocado y seda,
que no las gané holgando,
ni bebiendo en la taberna;
ganélas en las batallas
con mi lanza y mi bandera.

ROMANCE DEL REY MORO QUE PERDIÓ A VALENCIA

Helo, helo, por do viene
el moro por la calzada,
caballero a la gineta
encima de una yegua baya;
borceguíes marroquíes
y espuela de oro calzada;
una adarga ante los pechos,
y en su mano una zagaya.
Mirando estaba a Valencia,
cómo está tan bien cercada;

—¡Oh Valencia, oh Valencia,
de mal fuego seas quemada!
Primero fuiste de moros
que de cristianos ganada.
Si la lanza no me miente,
a moros serás tornada,
aquel perro de aquel Cid
prenderélo por la barba:
su mujer doña Jimena
será de mi captivada,
su hija Urraca Hernando
será mi enamorada:
después de yo harto de ella
la entregaré a mi compaña.
El buen Cid no está tan lejos,
que todo bien lo escuchaba.
—Venid vos acá, mi hija,
mi hija doña Urraca;
dejad las ropas continas,
y vestid ropas de pascua.
Aquel moro hi-de-perro
detenémelo en palabras,
mientras yo ensillo a Babieca,
y me ciño la mi espada.
La doncella muy hermosa
se paró a una ventana:
el moro desque la vido,
de esta suerte le hablara:
—¡Alá te guarde, señora,
mi señora, doña Urraca!
—¡Así haga a vos, señor,
buena sea vuestra llegada!
Siete años ha, rey, siete,
que soy vuestra enamorada.
—Otros tantos ha, señora,

que os tengo dentro de mi alma.
Ellos estando en aquesto,
el buen Cid que asomaba.
—Adiós, adiós, mi señora,
la mi linda enamorada,
que del caballo Babieca
yo bien oigo la patada.
Do la yegua pone el pie,
Babieca pone la pata.
Allí hablara el caballo,
bien oiréis lo que hablaba:
—¡Reventar debía la madre
que a su hijo no esperaba!
Siete vueltas la rodea
al derredor de una jara;
la yegua que era ligera
muy adelante pasaba,
fasta llegar cabe un río
adonde una barca estaba.
El moro desque la vido,
con ella bien se holgaba;
grandes gritos da al barquero
que le allegase la barca;
el barquero es diligente,
túvosela aparejada,
embarcó muy presto en ella,
que no se detuvo nada.
Estando el moro embarcado
el buen Cid que llegó al agua,
y por ver al moro en salvo,
de tristeza reventaba;
mas con la furia que tiene,
una lanza le arrojaba,
y dijo: —¡Recoged, mi yerno,
arrecogedme esa lanza,

que quizá tiempo verná
que os será bien demandada!

ROMANCE DE LOS CONDES DE CARRIÓN

De concierto están los condes
hermanos, Diego y Fernando;
afrentar quieren al Cid,
muy gran traición han armado.
Quieren volverse a sus tierras;
sus mujeres han demandado,
y luego su suegro el Cid,
se las hubo entregado.
—Mirad, yernos, que tratades
como a dueñas hijasdalgo
mis hijas, pues que a vosotros
por mujeres las he dado.
Ellos ambos le prometen
de obedecer su mandado.
Ya cabalgan los condes,
y el buen Cid ya está a caballo
con todos sus caballeros,
que le van acompañando:
por las huertas y jardines
van riendo y festejando;
por espacio de una legua
el Cid los ha acompañado.
Cuando de ellas se despide,
las lágrimas le van saltando
como hombre que ya sospecha
la gran traición que han armado,
manda que vaya tras ellos
Alvaráñez su criado.

Vuélvese el Cid y su gente,
y los condes van de largo.
Andando con muy gran priesa,
en un monte habían entrado
muy espeso, y muy escuro
de altos árboles poblado.
Mandaron ir toda su gente
adelante muy gran rato;
quédanse con sus mujeres
tan solos Diego y Fernando.
Apéanse de los caballos,
y las riendas han quitado;
sus mujeres que lo ven,
muy gran llanto han levantado.
Apéanlas de las mulas
cada cual para su lado;
como las parió su madre
ambas las han desnudado,
y luego a sendas encinas
las han fuertamente atado.
Cada uno azota la suya,
con riendas de su caballo;
la sangre que de ellas corre,
el campo tiene bañado;
mas no contentos con esto,
allí se las han dejado.
Su primo que las hallara,
como hombre muy enojado
a buscar los condes iba;
como no los ha hallado,
volvióse para ellas,
muy pensativo y turbado:
en casa de un labrador
allí se las ha dejado.
Vase para el Cid su tío,

todo se lo ha contado.
Con muy gran caballería,
por ellas ha enviado.
De aquesta tan grande afrenta,
el Cid al rey se ha quejado;
el rey como aquesto vido,
tres Cortes había armado.

OTROS ROMANCES DE LA HISTORIA DE CASTILLA

ROMANCE DEL REY DON FERNANDO CUARTO

Válasme, nuestra señora,
cual dicen, de la Ribera,
donde el buen rey don Fernando
tuvo la su cuarentena.
Desde el miércoles corvillo
hasta el jueves de la Cena,
que el rey no hizo la barba,
ni peinó la su cabeza.
Una silla era su cama,
un canto por cabecera,
los cuarenta pobres comen
cada día a la su mesa;
de lo que a los pobres sobra
el rey hace la su cena,
con vara de oro en la mano
bien hace servir la mesa.
Dícenle los caballeros:
—¿Dónde irás tener la fiesta?
—A Jaén, dice, señores,
con mi señora la reina.

Después que estuvo en Jaén,
y la fiesta hubo pasado,
pártase para Alcaudete,
ese castillo nombrado:
el pie tiene en el estribo,
que aún no se había apeado,
cuando le daban querella
de dos hombres hijosdalgo,
y la querella le daban
dos hombres como villanos:
abarcas traen calzadas
y aguijadas en las manos.
—Justicia, justicia, rey,
pues que somos tus vasallos,
de don Pedro Carvajal
y de don Alonso su hermano,
que nos corren nuestras tierras
y nos robaban el campo,
y nos fuerzan las mujeres
a tuerto y desaguisado;
comíannos la cebada
sin después querer pagallo,
hacen otras desvergüenzas
que vergüenza era contallo.
—Yo haré de ello justicia,
tornaos a vuestro ganado.
Manda a pregonar el rey
y por todo su reinado,
de cualquiera que lo hallase
le daría buen hallazgo.
Hallólos el almirante
allá en Medina del Campo,
comprando muy ricas armas,
jaeces para caballos.
—Presos, presos, caballeros,

presos, presos, hijosdalgo.
—No por vos, el almirante,
si de otro no traéis mandado.
—Estad presos, caballeros,
que del rey traigo recaudo.
Por las sus jornadas ciertas
en Jaén habían entrado.
—Manténgate Dios, el rey.
Mal vengades, hijosdalgo.
Mándales cortar los pies,
mándales cortar las manos,
y mándalos despeñar
de aquella peña de Martos.
Allí hablara el uno de ellos,
el menor y más osado:
—¿Por qué lo haces, el rey,
por qué haces tal mandado?
Querellámonos, el rey,
para ante el soberano,
que dentro de treinta días
vais con nosotros a plazo;
y ponemos por testigos
a San Pedro y a San Pablo:
ponemos por escribano
al apóstol Santiago.
El rey, no mirando en ello,
hizo cumplir su mandado
por la falsa información
que los villanos le han dado:
y muertos los Carvajales,
que lo habían emplazado,
antes de los treinta días
él se hallara muy malo,
y desque fueron cumplidos,
en el postrer día del plazo,

fue muerto dentro en León,
do la sentencia hubo dado.

ROMANCE DE DON FADRIQUE, MAESTRE DE SANTIAGO, Y DE CÓMO LE MANDÓ MATAR EL REY DON PEDRO, SU HERMANO

—Yo me estaba allá en Coimbra
que yo me la hube ganado,
cuando me vinieron cartas
del rey y don Pedro mi hermano
que fuese a ver los torneos
que en Sevilla se han armado.
Yo maestre sin ventura,
yo maestre desdichado,
tomara trece de mula,
veinte y cinco de caballo,
todos con cadenas de oro
y jubones de brocado:
jornada de quince días
en ocho la había andado.
A la pasada de un río
pasándole por el vado,
cayó mi mula conmigo,
perdí mi puñal dorado,
ahogáraseme un paje
de los míos más privado,
criado era en mi sala,
y de mí muy regalado.
Con todas estas desdichas
a Sevilla hube llegado;
a la puerta Macarena
encontré con un ordenado,

ordenado de evangelio
que misa no había cantado:
—Manténgate Dios, Maestre,
Maestre, bien seáis llegado.
Hoy te ha nacido hijo,
hoy cumples veinte y un año.
Si te pluguiese, Maestre,
volvamos a baptizallo,
que yo sería el padrino
tú, Maestre, el ahijado.
Allí hablara el Maestre,
bien oiréis lo que ha hablado:
—No me lo mandéis, señor,
padre, no queráis mandallo,
que voy a ver qué me quiere
el rey don Pedro mi hermano.
Di de espuelas a mi mula,
en Sevilla me hube entrado;
de que no vi tela puesta
ni vi caballero armado,
fuime para los palacios
del rey don Pedro mi hermano.
En entrando por las puertas,
las puertas me habían cerrado;
quitáronme la mi espada,
la que traía a mi lado;
quitáronme mi compañía,
la que me había acompañado.
Los míos desque esto vieron
de traición me han avisado,
que me saliese yo fuera
que ellos me pondrían a salvo.
Yo, como estaba sin culpa,
de nada hube curado;
fuime para el aposento

del rey don Pedro mi hermano:
—Manténgaos Dios, el rey,
y a todos de cabo a cabo.
—Mal hora vengáis, Maestre,
Maestre, mal seáis llegado:
nunca nos venís a ver
sino una vez en el año,
y esta que venís, Maestre,
es por fuerza o por mandado.
Vuestra cabeza, Maestre,
mandada está en aguinaldo.
—¿Por qué es aqueso, buen rey?
nunca os hice desaguisado,
ni os dejé yo en la lid,
ni con moros peleando.
—Venid acá, mis porteros,
hágase lo que he mandado.
Aún no lo hubo bien dicho,
la cabeza le han cortado;
a doña María de Padilla
en un plato la ha enviado;
así hablaba con él
como si estuviera sano.
Las palabras que le dice,
de esta suerte está hablando:
—Aquí pagaréis, traidor,
lo de antaño y lo de ogaño,
el mal consejo que diste
al rey don Pedro tu hermano.
Asióla por los cabellos,
echado se la ha a un alano:
el alano es del Maestre,
púsola sobre un estrado,
a los aullidos que daba
atronó todo el palacio.

Allí demandara el rey:
—¿Quién hace mal a ese alano?
Allí respondieron todos
a los cuales ha pesado:
—Con la cabeza lo ha, señor,
del Maestre vuestro hermano.
Allí hablara una su tía
que tía era de entrambos:
—¡Cuán mal lo miraste, rey!
rey, ¡qué mal lo habéis mirado!
por una mala mujer
habéis muerto un tal hermano.
Aún no lo había bien dicho,
cuando ya le había pesado.
Fuese para doña María,
de esta suerte le ha hablado:
—Prendelda, mis caballeros,
ponédmela a buen recaudo,
que yo le daré tal castigo
que a todos sea sonado.
En cárceles muy escuras
allí la había aprisionado;
él mismo le da a comer,
él mismo con la su mano:
no se fía de ninguno
sino de un paje que ha criado.

ROMANCE DEL REY DON PEDRO

Por los campos de Jerez
a caza va el rey don Pedro;
allegóse a una laguna,
allí quiso ver un vuelo.

Vio salir de ella una garza,
remontóle un sacre nuevo;
echóle un neblí preciado,
degollado se le ha luego,
a sus pies cayó el neblí,
túvolo por mal agüero.
Sube la garza muy alta,
parece entrar en el cielo.
De hacia Medina Sidonia
vio venir un bulto negro,
cuanto más se le allegaba,
poniéndole va más miedo.
Salió dél un pastorcito,
llorando viene y gimiendo,
con un bastón en sus manos,
los ojos en tierra puestos,
sin bonete su cabeza,
todo vestido de duelo,
descalzo, lleno de espinas.
De traílla trae un perro,
aullidos daba muy tristes,
concertados con su duelo;
sus cabellos va mesando,
la su cara va rompiendo;
el duelo hace tan triste,
que al rey hace poner miedo.
A voces dice: —Castilla,
Castilla, perderte has cedo,
que en ti se verte la sangre
de tus nobles caballeros;
mátaslos contra justicia,
reclaman a Dios del cielo.
Los gritos daba muy altos,
todos se espantan de vello.
Su cara llena de sangre;

allegóse al rey don Pedro;
dijo: —Rey, lo que te digo,
sin duda te verná presto;
serás muy acalumniado,
y serás por armas muerto.
Quieres mal a doña Blanca,
a Dios ensañas por ello;
perderás por ello el reino.
Si quieres volver con ella,
darte ha Dios un heredero.
El rey fue mucho turbado,
mandó el pastor fuese preso;
mandó hacer gran pesquisa
si la reina fuera en esto.
El pastor se les soltara,
nadie sabe qué se ha hecho.
Mandó matar a la reina
ese día a un caballero,
pareciéndole acabada
con su muerte el mal agüero.

ROMANCE DE DOÑA BLANCA DE BORBÓN

Doña María de Padilla,
no os mostredes triste, no:
si me descasé dos veces,
hícelo por vuestro amor,
y por hacer menosprecio
de doña Blanca de Borbón:
a Medina Sidonia envío
que me labren un pendón;
será de color de sangre,
de lágrimas su labor:

tal pendón, doña María,
se hace por vuestro amor.
Llamara Alonso Ortiz,
que es un honrado varón,
para que fuese a Medina,
a dar fin a la labor.
Respondió Alonso Ortiz:
—Eso, señor, no haré yo,
que quien mata a su señora
es aleve a su señor.
El rey no le respondiera;
en su cámara se entró:
enviara por dos maceros,
los cuales él escogió.
Estos fueron a la reina,
halláronla en oración;
la reina, como los viera,
casi muerta se cayó;
mas después que en sí tornara,
esforzada les habló:
—Ya sé a qué venís, amigos,
que mi alma lo sintió;
aqueso que está ordenado
no se puede excusar, no.
¡Oh Castilla! ¿Qué te hice?
No por cierto traición.
¡Oh Francia, mi dulce tierra!
¡Oh mi casa de Borbón!
Hoy cumplo dieciséis años,
a los diecisiete muero yo.
El rey no me ha conocido,
con las vírgenes me vo.
Doña María de Padilla,
esto te perdono yo;
por quitarme de cuidado

lo hace el rey mi señor.
Los maceros le dan priesa,
ella pide confesión;
perdonáralos a ellos,
y puesta en su oración,
danle golpes con las mazas,
y ansí la triste murió.

ROMANCES FRONTERIZOS

DEL CERCO DE BAEZA

Cercada tiene a Baeza
ese arráez Audalla Mir
con ochenta mil peones
caballeros cinco mil.
Con él va ese traidor
el traidor de Pero Gil.
Por la puerta de Bedmar
la empieza a combatir;
ponen escalas al muro;
comienzan le a conquerir;
ganada tiene una torre
non le pueden resistir,
cuando de la de Calonge
escuderos vi salir.
Ruy Fernández va delante
aquese caudillo ardil;
arrete con Andalla,
comienza de le ferir,
cortado le ha la cabeza;
los demás dan a fuir.

ROMANCE DEL ASALTO DE BAEZA

Moricos, los mis moricos,
los que ganáis mi soldada,
derribédesme a Baeza,
esa villa torreada,
y a los viejos y a los niños
los traed en cabalgada,
y a los mozos y varones
los meted todos a espada,
y a ese viejo Pero Díaz
prendédmelo por la barba,
y aquesa linda Leonor
será la mi enamorada.
Id vos, capitán Vanegas,
porque venga más honrada,
que si vos sois mandadero,
será cierta la jornada.

DE LA SALIDA DEL REY CHICO DE GRANADA Y DE REDUÁN PARA RECOBRAR JAÉN

—Reduán, bien se te acuerda
que me diste la palabra
que me darías a Jaén
en una noche ganada.
Reduán, si tú lo cumples,
daréte paga doblada,
y si tú no lo cumplieres,
desterrarte he de Granada;
echarte he en una frontera
do no goces de tu dama.
Reduán le respondía

sin demudarse la cara;
—Si lo dije no me acuerdo,
mas cumpliré mi palabra.
Reduán pide mil hombres,
el rey cinco mil le daba.
Por esa puerta de Elvira
sale muy gran cabalgada.
¡Cuánto del hidalgo moro!
¡Cuánta de la yegua baya!
¡Cuánta de la lanza en puño!
¡Cuánta de la adarga blanca!
¡Cuánta de marlota verde!
¡Cuánta aljuba de escarlata!
¡Cuánta pluma y gentileza!
¡Cuánto capellar de grana!
¡Cuánto bayo borceguí!
¡Cuánto lazo que le esmalta!
¡Cuánta de la espuela de oro!
¡Cuánta estribera de plata!
Toda es gente valerosa
y experta para batalla:
en medio de todos ellos
va el rey Chico de Granada.
Míranlo las damas moras
de las torres del Alhambra.
La reina mora, su madre,
de esta manera le habla:
—Alá te guarde, mi hijo,
Mahoma vaya en tu guarda,
y te vuelva de Jaén
libre, sano y con ventaja,
y te dé paz con tu tío,
señor de Guadix y Baza.

DE HERNANDARIAS

—¡Buen alcaide de Cañete,
mal consejo habéis tomado
en correr a Setenil,
hecho se había voluntario!
¡Harto hace el caballero
que guarda lo encomendado!
Pensaste correr seguro,
y celada os han armado,
Hernandarias Sayavedra,
vuestro padre, os ha vengado;
ca cuerda correr a Ronda,
y a los suyos va hablando:
—El mi hijo Hernandarias
muy mala cuenta me ha dado;
escomendéle a Cañete,
él muerto fuera en el campo.
Nunca quiso mi consejo,
siempre fue mozo liviano,
que por alancear un moro
perdiera cualquier estado.
Siempre esperé su muerte
en verle tan voluntario.
Mas hoy los moros de Ronda
conocerán que le amo.
A Gonzalo de Aguilar
en celada le han dejado.
Viniendo a vista de Ronda,
los moros salen al campo.
Hernandarias dio una vuelta
con ardid muy concertado,
y Gonzalo de Aguilar
sale a ellos denodado,
blandeando la su lanza

iba diciendo: —¡Santiago,
a ellos, que no son nada,
hoy venguemos a Fernando!
Murió allí Juan Delgadillo
con hartos buenos cristianos;
mas por las puertas de Ronda
los moros iban entrando:
veinte y cinco traía presos,
trescientos moros mataron;
mas el viejo Hernandarias
no se tuvo por vengado.

ROMANCE DE ANTEQUERA

De Antequera partió el moro
tres horas antes del día,
con cartas en la su mano
en que socorro pedía.
Escritas iban con sangre,
mas no por falta de tinta.
El moro que las llevaba
ciento y veinte años había;
la barba tenía blanca,
la calva le relucía;
toca llevaba tocada,
muy grande precio valía.
La mora que la labrara
por su amiga la tenía;
alhaleme en su cabeza
con borlas de seda fina;
caballero en una yegua,
que caballo no quería.
Solo con un pajecico

que le tenga compañía,
no por falta de escuderos,
que en su casa hartos había.
Siete celadas le ponen
de mucha caballería,
mas la yegua era ligera,
de entre todos se salía;
por los campos de Archidona
a grandes voces decía:
—¡Oh buen rey, si tú supieses
mi triste mensajería,
mesarías tus cabellos
y la tu barba vellida!
El rey, que venir lo vido,
a recebirlo salía
con trescientos de caballo,
la flor de la morería.
—Bien seas venido, el moro,
buena sea tu venida.
—Alá te mantega, el rey,
con toda tu compañía.
—Dime, ¿qué nuevas me traes
de Antequera, esa mi villa?
—Yo te las diré, buen rey,
si tú me otorgas la vida.
—La vida te es otorgada,
si traición en ti no había.
—¡Nunca Alá lo permitiese
hacer tan gran villanía!
mas sepa tu real Alteza
lo que ya saber debría,
que esa villa de Antequera
en gran aprieto se veía,
que el infante don Fernando
cercada te la tenía.

Fuertemente la combate
sin cesar noche ni día;
manjar que tus moros comen,
cueros de vaca cocida;
buen rey, si no la socorres,
muy presto se perdería.
El rey, cuando aquesto oyera,
de pesar se amortecía;
haciendo gran sentimiento,
muchas lágrimas vertía;
rasgaba sus vestiduras,
con gran dolor que tenía,
ninguno le consolaba,
porque no lo permitía;
mas después, en sí tornado,
a grandes voces decía:
—Tóquense mis añafiles,
trompetas de plata fina;
júntense mis caballeros
cuantos en mi reino había,
vayan con mis dos hermanos
a Archidona, esa mi villa,
en socorro de Antequera,
llave de mi señoría.
Y ansí con este mandado
se juntó gran morería;
ochenta mil peones fueron
el socorro que venía,
con cinco mil de caballo,
los mejores que tenía.
Ansí en la Boca del Asna
este real sentado había
a vista del del infante,
el cual ya se apercibía,
confiando en la gran victoria

que de ellos Dios le daría,
sus gentes bien ordenadas:
de San Juan era aquel día,
cuando se dio la batalla
de los nuestros tan herida,
que por ciento y veinte muertos
quince mil moros había.
Después de aquesta batalla
fue la villa combatida
con lombardas y pertrechos,
y con una gran bastida,
con que le ganan las torres
de donde era defendida.
Después dieron el castillo
los moros a pleitesía,
que libres con sus haciendas
el infante los pornía
en la villa de Archidona,
lo cual todo se cumplía;
y ansí se ganó Antequera
a loor de Santa María.

DE CÓMO LA NUEVA CONQUISTA DE ANTEQUERA LLEGÓ AL REY MORO DE GRANADA Y DE LA ESCARAMUZA DE ALCALÁ

La mañana de Sant Joan
al tiempo que alboreaba,
gran fiesta hacen los moros
por la Vega de Granada.
Revolviendo sus caballos,
y jugando de las lanzas,

ricos pendones en ellas
broslados por sus amadas,
ricas marlotas vestidas
tejidas de oro y grana:
el moro que amores tiene
señales de ello mostraba,
y el que no tenía amores
allí no escaramuzaba.
Las damas moras los miran
de las torres del Alhambra,
también se los mira el rey
de dentro de la Alcazaba.
Dando voces vino un moro
con la cara ensangrentada:
—Con tu licencia, el rey,
te diré una nueva mala:
el infante don Fernando
tiene a Antequera ganada;
muchos moros deja muertos,
yo soy quien mejor librara;
siete lanzadas yo traigo,
el cuerpo todo me pasan;
los que conmigo escaparon
en Archidona quedaban.
Con la tal nueva el rey
la cara se le demudaba:
manda juntar sus trompetas
que toquen todas al arma,
manda juntar a los suyos,
hace muy gran cabalgada,
y a las puertas de Alcalá
que la real se llamaba,
los cristianos y los moros
una escaramuza traban.
Los cristianos eran muchos,

mas llevaban orden mala;
los moros, que son de guerra,
dándoles han mala carga;
de ellos matan, de ellos prenden,
de ellos toman en celada.
Con la victoria, los moros
van la vuelta de Granada,
a grandes voces decían:
¡la victoria ya es cobrada!

ABENÁMAR, ABENÁMAR

¡Abenámar, Abenámar,
moro de la morería,
el día que tú naciste
grandes señales había!
Estaba la mar en calma,
la luna estaba crecida;
moro que en tal signo nace,
no debe decir mentira.
Allí respondiera el moro,
bien oiréis lo que decía:
—Yo te la diré, señor,
aunque me cueste la vida,
porque soy hijo de un moro
y una cristiana cautiva;
siendo yo niño y muchacho
mi madre me lo decía:
que mentira no dijese,
que era grande villanía:
por tanto pregunta, rey,
que la verdad te diría,
—Yo te agradezco, Abenámar,

aquesta tu cortesía.
¿Qué castillos son aquéllos?
¡Altos son y relucían!
—El Alhambra era, señor,
y la otra la mezquita;
los otros los Alixares,
labrados a maravilla.
El moro que los labraba
cien doblas ganaba al día,
y el día que no los labra
otras tantas se perdía.
El otro es Generalife,
huerta que par no tenía;
el otro Torres Bermejas,
castillo de gran valía.
Allí habló el rey don Juan,
bien oiréis lo que decía:
—Si tú quiesieses, Granada,
contigo me casaría;
daréte en arras y dote
a Córdoba y a Sevilla.
—Casada, soy, rey don Juan,
casada soy, que no viuda;
el moro que a mí me tiene,
muy grande bien me quería.

ROMANCE ANTIGUO Y VERDADERO DE ALORA LA BIEN CERCADA

Alora, la bien cercada,
tú que estás en par del río,
cercóte el adelantado
una mañana en domingo,

de peones y hombres de armas
el campo bien guarnecido;
con la gran artillería
hecho te había un portillo.
Viérades moros y moras
todos huir al castillo:
las moras llevaban ropa,
los moros harina y trigo,
y las moras de quince años,
llevaban el oro fino,
y los moriscos pequeños
llevaban la pasa y higo.
Por cima de la muralla
su pendón llevan tendido.
Entre almena y almena
quedado se había un morico
con una ballesta armada,
y en ella puesta un cuadrillo.
En altas voces decía,
que la gente lo había oído:
—¡Treguas, treguas, adelantado,
por tuyo se da el castillo!
Alza la visera arriba,
por ver el que tal le dijo:
asestárale a la frente,
salido le ha al colodrillo.
Sacólo Pablo de rienda,
y de mano Jacobillo,
estos dos que habría criado
en su casa desde chicos.
Lleváronle a los maestros
por ver si será guarido.
A las primeras palabras
el testamento les dijo.

ROMANCE DE DON ENRIQUE DE GUZMÁN

—Dadme nuevas, caballeros,
nuevas me queredes dar
de aquese conde de Niebla,
don Enrique de Guzmán,
que hace guerra a los moros,
y ha cercado a Gibraltar.
Veo hoy lutos en mi corte,
ayer vi fiestas muy grandes;
o el príncipe es fallecido,
o alguno de mi sangre,
o don Alvaro de Luna,
el maestre y condestable.
—No es muerto, señora, el príncipe;
mas ha fallecido un grande
que veredes a los moros
cuán poco vos temerán,
que a este solo temían
y no osaban saltear.
Es el buen conde de Niebla
que se ha anegado en la mar,
por acorrer a los suyos,
nunca se quiso salvar;
en un batel donde venía
le hicieron trastornar,
socorriendo un caballero
que se le iba a anegar.
La mar andaba tan alta
que no se pudo escapar,
teniendo cuasi ganada
la fuerza de Gibraltar.
Llóranle todas las damas,
galanes otro que tal,
llórale gente de guerra

por ser tan buen capitán,
llóranle duques y condes,
porque a todos sabía honrar.
—¡Oh qué nuevas me traedes,
caballeros, de pesar!
Vístanse todos de jerga,
no se hagan fiestas más,
vaya luego un mensajero,
venga su hijo don Juan:
confirmalle he lo del padre,
más le quiero acrecentar,
y de Medina Sidonia
duque le hago de hoy más,
que a hijo de tan buen padre
poco galardón se da.

ROMANCE DE LA PRISIÓN DEL OBISPO DON GONZALO

Día era de San Antón,
ese santo señalado,
cuando salen de Jaén
cuatrocientos hijosdalgo;
y de Úbeda y Baeza
se salían otros tantos,
mozos deseosos de honra,
y los más enamorados.
En brazos de sus amigas
van todos juramentados
de no volver a Jaén
sin dar moro en aguinaldo.
La seña que ellos llevaban
es pendón rabo de gallo;

por capitán se lo llevan
al obispo don Gonzalo,
armado de todas armas,
en un caballo alazano:
todos se visten de verde,
el obispo azul y blanco.
Al castillo de la Guardia
el obispo había llegado
sáleselo a recibir
Mexía, el noble hidalgo:
—Por Dios te ruego, el obispo,
que no pasades el vado,
porque los moros son muchos,
a la Guardia habían llegado;
muerto me han tres caballeros,
de que mucho me ha pesado:
el uno era tío mío,
el otro mi primo hermano,
y el otro es un pajecito
de los míos más preciado.
Demos la vuelta, señores,
demos la vuelta a enterrallos,
haremos a Dios servicio,
honraremos los cristianos.
Ellos estando en aquesto,
llegó don Diego de Haro:
—Adelante, caballeros,
que me llevan el ganado;
si de algún villano fuera,
ya lo hubiérades quitado;
empero alguno está aquí
que le place de mi daño;
no cumple decir quién es,
que es el del roquete blanco.
El obispo, que lo oyera,

dio de espuelas al caballo;
el caballo era ligero,
saltado había un vallado;
mas al salir de una cuesta,
a la asomada de un llano,
vido mucha adarga blanca,
mucho albornoz colorado,
y muchos hierros de lanzas,
que relucían en el campo;
metídose había por ellos
como león denodado:
de tres batallas de moros
la una ha desbaratado,
mediante la buena ayuda
que en los suyos ha hallado:
aunque algunos de ellos mueren,
eterna fama han ganado.
Los moros son infinitos,
al obispo habían cercado;
cansado de pelear
lo derriban del caballo,
y los moros victoriosos
a su rey lo han presentado.

DE CÓMO EL REY DE GRANADA MANDÓ PRENDER AL ALCAIDE QUE PERDIÓ LA PLAZA DE ALHAMA, CONQUISTADA POR EL MARQUÉS DE CÁDIZ

Moro alcaide, moro alcaide,
el de la barba vellida,
el rey os manda prender
porque Alhama era perdida.

—Si el rey me manda prender
porque es Alhama perdida,
el rey lo puede hacer;
mas yo nada le debía,
porque yo era ido a Ronda
a bodas de una mi prima,
yo dejé cobro en Alhama,
el mejor que yo podía.
Si el rey perdió su ciudad,
yo perdí cuanto tenía:
perdí mi mujer y hijos,
la cosa que más quería.

ROMANCE DEL REY MORO QUE PERDIÓ ALHAMA

Paseábase el rey moro
por la ciudad de Granada;
cartas le fueron venidas
como Alhama era ganada:
las cartas echó al fuego,
y al mensajero matara.
Echó mano a sus cabellos,
y las sus barbas mesaba;
apeóse de una mula,
y en un caballo cabalga.
Mandó tocar sus trompetas,
sus añafiles de plata,
porque lo oyesen los moros
que andaban por el arada.
Cuatro a cuatro, cinco a cinco,
juntado se ha gran batalla.
Allí habló un moro viejo,

que era alguacil de Granada:
—¿A qué nos llamaste rey,
a qué fue nuestra llamada?
—Para que sepáis, amigos,
la gran pérdida de Alhama.
—Bien se te emplea, señor,
señor, bien se te empleaba,
por matar los Bencerrajes,
que eran la flor de Granada;
acogiste los judíos
de Córdoba la nombrada;
degollaste un caballero,
persona muy estimada;
muchos se te despidieron
por tu condición troncada.
—¡Ay si os plugiese, mis moros,
que fuésemos a cobralla!
—Mas si, rey, a Alhama has de ir,
deja buen cobro a Granada,
y para Alhama cobrar
menester es grande armada,
que caballero está en ella
que sabrá muy bien guardalla.
—¿Quién es este caballero
que tanta honra ganara?
—Don Rodrigo es de León,
marqués de Cádiz se llama;
otro es Martín Galindo,
que primero echó el escala.
Luego se van para Alhama,
que de ellos no se da nada;
combátenla prestamente,
ella está bien defensada.
De que el rey no pudo más,
triste se volvió a Granada.

DEL MAESTRE DE CALATRAVA

¡Ay Dios, qué buen caballero
el Maestre de Calatrava!
¡Oh cuán bien corren los moros
por la vega de Granada
con trescientos caballeros,
todos con cruz colorada,
desde la puerta del Pino
hasta la Sierra-Nevada!
Por esa puerta de Elvira
arrojara la su lanza:
las puertas eran de hierro,
de banda a banda las pasa,
que no hay un moro tan fuerte
que a demandárselo salga.
Oídolo ha Albayaldos
en sus tierras donde estaba;
arma fustas y galeras,
por la mar gran gente armaba,
sáleselo a recebir
el rey Chico de Granada.
—Bien vengáis vos, Albayaldos,
buena sea vuestra llegada:
si venís a ganar sueldo,
daros he paga doblada,
y si venís por mujer,
dárosla he muy galana.
—Muchas gracias, el buen rey,
por merced tan señalada,
que no vengo por mujer,
que la mía me bastaba;
mas sí porque me dijeron,
allende el mar donde estaba,
que ese malo del Maestre

tiene cercada a Granada,
y por servirte, buen rey,
traigo yo toda esta armada.
—La verdad, dijo el rey moro,
la verdad te fue contada,
que no hay moro en esta tierra
que lo espere cara a cara,
sino fuere el buen Escado
que era el alcaide del Alhama;
y una vez que le saliera
¡caro le costó a Granada!
veinte mil hombres llevó,
y ninguno no tornara;
él encima de una yegua
muy herido se escapaba.
—¡Oh mal hubiese Mahoma
allá do dicen que estaba,
cuando un fraile capilludo
arrojó en Granada lanza!
Diésedesme tú, buen rey,
la gente que buena estaba,
los ginetes de Jaén,
los peones de tu casa,
que ese malo del Maestre
yo te lo traeré a Granada.
—Calles, calles, Albayaldos,
no digas la tal palabra,
dijo un moro, que el Maestre
es muy fuerte en las batallas,
y si él en campo te toma
haráte temblar la barba.
Respondiérale Albayaldos
una muy fea palabra:
—¡Si no fuera por el rey
diérate una bofetada!

—Esa bofetada, moro,
fuérate muy bien vengada,
que tres hijos tengo alcaides
en el reino de Granada:
el uno tengo en Guadix
y el otro lo tengo en Baza,
y el otro lo tengo en Lorca,
esa villa muy nombrada,
y a mí, porque era muy viejo,
entregáronme al Alhama;
y porque veas, perro moro,
si te fuera bien vengada.
El buen rey los puso en paz,
que ninguno más no habla
sino Albayaldos, que pide
licencia le sea dada,
porque con su sola gente
quiere cumplir su palabra.
El rey se la concedió:
mucha gente le acompaña.
Por los campos de Jaén
todo el ganado robaba,
muchas vacas, mucha oveja,
y el pastor que lo guardaba;
mucho cristiano mancebo
y mucha linda cristiana.
A la pasada de un río,
junto a la orilla del agua
soltádosele ha un pastor
de los que presos llevaba.
Por las puertas de Jaén
al Maestre voces daba:
—¿Dónde estás tú, el Maestre?
¿Qué es de tu noble campaña?
Hoy pierdes toda tu gloria,

y Albayaldos se la gana.
Oídolo ha el Maestre
en sus palacios do estaba.
—Calles, calles, tú, el pastor,
no digas la tal palabra,
que si hoy pierdo mi gloria,
mañana será ganada.
¡Al arma, mis caballeros,
todo hombre, sus, al arma!
Luego que en campo se vido,
a los suyos esforzaba;
a la bajada de un valle
por cima de una asomada
vio como iba Albayaldos.
El Maestre que los viera,
de esta suerte razonaba:
—A ellos, mis caballeros,
que ninguno se nos vaya.
Pone piernas al caballo
y aprieta muy bien su lanza;
al primero que encontró
en tierra muerto le echara.
Andando en esta refriega
con Albayaldos topara:
con la fuerza del Maestre
Albayaldos se desmaya.
Cae muerto del caballo,
y así su vida acabara.
Los suyos cuando esto vieron,
cada cual a huir se daba.

ROMANCE DE SAYAVEDRA

¡Río-Verde, Río-Verde,
más negro vas que la tinta!
entre tí y Sierra-Bermeja
murió gran caballería.
Mataron a Ordiales,
Sayavedra huyendo iba;
con el temor de los moros
entre un jaral se metía.
Tres días ha, con sus noches,
que bocado no comía;
aquejábale la sed
y la hambre que tenía.
Por buscar algun remedio
al camino se salía:
visto lo habían los moros
que andan por la Serranía.
Los moros desque lo vieron,
luego para él se venían.
Unos dicen: —¡Muera, muera!
otros dicen: —¡Viva, viva!
Tómanle entre todos ellos;
bien acompañado iba.
Allá le van a presentar
al rey de la morería.
Desque el rey moro lo vido
bien oiréis lo que decía:
—¿Quién es ese caballero
que ha escapado con la vida?
—Sayavedra es, señor,
Sayavedra el de Sevilla,
el que mataba tus moros
y tu gente destruía,
el que hacía cabalgadas

y se encerraba en su manida.
Allí hablara el rey moro,
bien oiréis lo que decía:
—Dígasme tú, Sayavedra,
si Alá te alargue la vida,
si en tu tierra me tuvieses,
¿qué honra tú me harías?
Allí habló Sayavedra,
de esta suerte le decía:
—Yo te lo diré, señor,
nada no te mentiría:
si cristiano te tornases,
grande honra te haría;
y si así no lo hicieses,
muy bien te castigaría:
la cabeza de los hombros
luego te la cortaría.
—Calles, calles, Sayavedra,
cese tu malenconía;
tórnate moro si quieres,
y verás qué te daría.
Darte he villas y castillos,
y joyas de gran valía.
Gran pesar ha Sayavedra
de esto que decir oía.
Con una voz rigurosa,
de esta suerte respondía:
—Muera, muera, Sayavedra;
la fe no renegaría,
que mientras vida tuviere,
la fe yo defendería.
Allí hablara el rey moro,
y de esta suerte decía:
—Prendedlo, mis caballeros,
y dél me haced justicia.

Echó mano a su espada,
de todos se defendía;
mas como era uno solo,
allí hizo fin su vida.

ROMANCE DEL CERCO DE BAZA

Sobre Baza estaba el rey,
lunes, después de yantar;
miraba las ricas tiendas
qu'estaban en su Real;
miraba las huertas grandes
y miraba el arrabal,
miraba el adarve fuerte
que tenía la ciudad;
miraba las torres espesas
que no las puede contar.
Un moro tras una almena
comenzóle de fablar:
—"Vete, el rey don Fernando,
non querrás aquí envernar,
que los fríos desta tierra
no los podrás comportar;
pan tenemos por diez años,
mil vacas para salar;
veinte mil moros hay dentro
todos de armas tomar,
ochocientos de caballo
para el escaramuzar;
siete caudillos tenemos,
tan buenos como Roldán,
y juramento tienen fecho
antes morir que se dar."

ROMANCES DE LA HISTORIA DE ARAGÓN

ROMANCE DEL REY RAMIRO DE ARAGÓN

Ya se asienta el rey Ramiro,
ya se asienta a sus yantares;
los tres de sus adalides
se le pararon delante;
al uno llaman Armiño,
al otro llaman Galván,
al otro Tello, lucero
que los adalides trae.
—Manténgaos Dios, señor,
adalides, bien vengades:
¿qué nuevas me traedes
del campo de Palomares?
Buenas las traemos, señor,
pues que venimos acá:
siete días anduvimos
que nunca comimos pan,
ni los caballos cebada,
de lo que nos pesa más;
ni entramos en poblado,
ni vimos con quien hablar,
sino siete cazadores

que andaban a cazar.
Que nos pesó o nos plugo,
hubimos de pelear:
los cuatro de ellos matamos,
los tres traemos acá;
y si lo creéis, buen rey,
si no, ellos lo dirán.

A LA REINA MARÍA DE ARAGÓN

Miraba de Campo-Viejo
el rey de Aragón un día,
miraba la mar de España
cómo menguaba y crecía;
mira naos y galeras,
unas van y otras venían:
unas cargadas de sedas,
y otras de ropas finas,
unas van para Levante,
otras van para Castilla.
Miraba la gran ciudad
que Nápoles se decía:
—¡Oh ciudad, cuánto me cuestas
por la gran desdicha mía!
Cuéstasme veinte y un años,
los mejores de mi vida,
cuéstasme un tal hermano
que más que un Héctor valía,
querido de caballeros
y de damas de valía;
cuéstasme los mis tesoros,
los que guardados tenía;
cuéstasme un pajecico
que más que a mí lo quería.

ROMANCES DE LA HISTORIA
DE PORTUGAL

OTRO ROMANCE DE DOÑA ISABEL, CÓMO, PORQUÉ EL REY TENÍA HIJOS DE ELLA, LA REINA LA MANDÓ MATAR

Yo me estando en Giromena
a mi placer y holgar,
subiérame a un mirador
por más descanso tomar:
por los campos de Monvela
caballeros vi asomar:
ellos no vienen de guerra,
ni menos vienen de paz,
vienen en buenos caballos,
lanzas y adargas traen:
desque yo lo vi, mezquina,
parémelos a mirar.
Conociera al uno de ellos
en el cuerpo y cabalgar;
don Rodrigo de Chavela,
que llaman del Marichal,
primo hermano de la reina:
mi enemigo era mortal.
Desque yo, triste, le viera,

luego vi mi mala señal.
Tomé mis hijos conmigo
y subíme al homenaje;
ya que yo iba a subir,
ellos en mi sala están:
don Rodrigo es el primero,
y los otros tras él van.
—Sálveos Dios, doña Isabel,
—Caballeros, bien vengades.
—¿Conoscédesnos, señora,
pues así vais a hablar?
—¡Ya os conozco, don Rodrigo,
ya os conozco por mi mal!
¿A qué era vuestra venida?
¿quién os ha enviado acá?
—Perdonédesme, señora,
por lo que os quiero hablar.
Saber que la reina mi prima
acá enviado me ha,
porque ella es muy mal casada,
y esta culpa en vos está,
porque el rey tiene en vos hijos
y en ella nunca los ha,
siendo, como sois, su amiga,
y ella mujer natural
manda que muráis, señora,
paciencia queráis prestar.
Respondió doña Isabel
con muy gran honestidad:
—Siempre fuiste, don Rodrigo,
en toda mi contrariedad:
si vos queredes, señor,
bien sabedes la verdad,
que el rey me pidió mi amor,
y yo no se lo quise dar,

temiendo más a mi honra,
que no sus reinos mandar.
Desque vio que no quería
mis padres fuera a mandar;
ellos tan poco quisieron
por la su honra guardar.
Desque todo aquesto vido,
por fuerza me fue a tomar:
trújome a esta fortaleza,
do estoy en este lugar.
Tres años he estado en ella
fuera de mi voluntad,
y si el rey tiene en mí hijos,
plugo a Dios y a su bondad,
y si no los ha en la reina,
es ansí su voluntad.
¿Por qué me habéis de dar muerte,
pues que no merezco mal?
Una merced os pido, señores,
no me la queráis negar;
desterréisme de estos reinos,
que en ellos no estaré más:
irme he yo para Castilla,
o a Aragón más adelante,
y si aquesto no bastare,
a Francia me iré a morar.
—Perdonédesme, señora,
que no se puede hacer más.
Aquí está el duque de Bavia
y el marqués de Villa Real,
y aquí está el obispo de Oporto,
que os viene a confesar.
Cabe vos está el verdugo
que os iba a degollar,
y aun aqueste pajecico

la cabeza ha de llevar.
Respondió doña Isabel,
con muy gran honestidad:
—Bien parece que soy sola,
no tengo quien me guardar,
ni tengo padre ni madre,
pues no me dejan hablar;
y el rey no está en esta tierra,
que era ido allende el mar:
mas desque él sea venido,
la mi muerte vengará.
—Acabades ya, señora,
acabades ya de hablar.
Tomalda, señor obispo,
y metelda a confesar.
Mientras en la confesión
todos tres hablando están,
si era bien hecho o mal hecho
esta dama degollar:
los dos dicen que no muera,
que en ella culpa no ha,
Don Rodrigo es tan cruel,
dice que la ha de matar.
Sale de la confesión
con sus tres hijos delante:
el uno dos años tiene,
el otro para ellos va,
y el otro era de teta,
dándole sale a mamar,
toda cubierta de negro;
lástima es de la mirar.
—Adiós, adiós, hijos míos;
hoy os quedaréis sin madre:
caballeros de alta sangre,
por mis hijos queráis mirar,

que al fin son hijos de rey,
aunque son de baja madre.
Tiéndenla en un repostero
para habella de degollar;
así murió esta señora,
sin merecer ningún mal.

DE CÓMO EL REY DE PORTUGAL VENGÓ LA MUERTE DE DOÑA ISABEL DE LIAR

En Ceuta está el buen rey,
ese rey de Portugal,
cuando le dieron aviso
de tristeza y de pesar,
diciendo que le habían muerto
a doña Isabel Liar,
y que lo mandó la reina
por su mala voluntad.
Don Rodrigo fue el cruel,
el que llaman del Marchal,
y ese duque de Salinas,
y el marqués de Villareal,
con el obispo de Oporto,
que la fuera a confesar.
Cuando aquesto supo el rey,
no hace sino llorar;
juraba por su corona
que la había de vengar.
Mandó tocar sus trompetas,
el real mandara alzar;
vistióse todo de luto,
luego se quiso embarcar
con solo diez caballeros

que no le quieren dejar.
No quiso aguardar la flota,
por no se tanto tardar,
y dentro de siete días
a Sevilla fue a llegar;
y de allí a pocos días
es llegado a Portugal.
Fuese derecho a palacio,
do solía reposar.
La reina cuando lo supo,
vínose a lo visitar;
mas el rey con mucha saña
de esta suerte le fue a hablar:
—Mal vengades vos, la reina,
malo sea vuestro llegar.
En diciendo estas razones,
la mandó presto tomar,
y en el mismo repostero
do su amiga fue a finar,
mandó degollar la reina,
don Rodrigo cuartear,
y a ese duque de Salinas,
y al marqués de Villareal,
y al buen obispo de Oporto
le mandó descabezar.
Hizo sacar a su amiga
para con ella casar,
y por heredar sus hijos,
a don Pedro y a don Juan,
y después con mucha honra
la mandó luego enterrar:
de este modo vengó el rey
a doña Isabel Liar.

ROMANCE DE CÓMO EL DUQUE DE BERGANZA MATÓ A LA DUQUESA SU MUJER

Lunes se decía, lunes,
tres horas antes del día,
cuando el duque de Berganza
con la duquesa reñía.
El duque con grande enojo
estas palabras decía:
—Traidora me sois, duquesa,
traidora, falsa, malina,
porque pienso que traición
me hacéis y alevosía.
—No te soy traidora, duque,
ni en mi linaje lo había.
Echó la mano a la espada,
viendo que así respondía:
la duquesa con esfuerzo
con las manos le tenía.
—Dejes la espada, duquesa,
las manos te cortaría.
—Por más cortadas, el duque,
a mí nada se daría;
si no, vedlo por la sangre
que mi camisa teñía.
¡Socorred, mis caballeros,
socorred por cortesía!
No hay ninguno allí de aquellos
a quien la favor pedía,
que eran todos portugueses
y ninguno la entendía,
sino era un pajecico
que a la mesa la servía.
—Dejes la duquesa, el duque,
que nada te merecía.

El duque muy enojado
detrás del paje corría,
él cortóle la cabeza
aunque no lo merecía.
Vuelve el duque a la duquesa,
antes que viniese el día.
—En tus manos estoy, duque,
haz de mí a tu fantasía,
que padre y hermanos tengo
que te lo demandarían,
y aunque estos estén en España,
allá muy bien se sabría.
—No me amenacéis, duquesa,
con ellos yo me avernía.
—Confesar me dejes, duque,
y mi alma ordenaría.
—Confesaos con Dios, duquesa,
con Dios y Santa María.
—Mirad, duque, esos hijicos
que entre vos y mí había.
—No los lloréis más, duquesa,
que yo me los criaría.
Revolvió el duque su espada,
a la duquesa hería:
diole sobre su cabeza,
y a sus pies muerta caía.
Cuando ya la vio muerta
y la cabeza volvía,
vido estar sus dos hijicos
en la cama do dormía,
que reían y jugaban
con sus juegos a porfía.
Cuando así jugar los vido,
muy tristes llantos hacía;
con lágrimas en sus ojos

les hablaba y les decía:
—Hijos ¡cuál quedáis sin madre,
a la cual yo muerto había!
Matéla sin merecello,
con enojo que tenía.
¿Dónde irás, el triste duque?
de tu vida ¿que sería?
¿Cómo tan grande pecado
Dios te lo perdonaría?

ROMANCES NOVELESCOS

EL PRISIONERO

Que por mayo era, por mayo,
cuando los grandes calores,
cuando los enamorados
van servir a sus amores,
sino yo, triste mezquino,
que yago en estas prisiones,
que ni sé cuándo es de día,
ni menos cuándo es de noche
sino por una avecilla
que me cantaba al albor:
matómela un ballestero;
¡déle Dios mal galardón!

ROMANCE DE ROSA FRESCA

Rosa fresca, rosa fresca,
tan garrida y con amor,
cuando vos tuve en mis brazos,
no vos supe servir, no;

y agora que os serviría
no vos puedo haber, no.
—Vuestra fue la culpa, amigo,
vuestra fue, que mía no;
enviásteme una carta
con un vuestro servidor,
y en lugar de recaudar
él dijera otra razón:
que érades casado, amigo,
allá en tierras de León;
que tenéis mujer hermosa
y hijos como una flor.
—Quien os lo dijo, señora,
no vos dijo verdad, no;
que yo nunca entré en Castilla
ni allá en tierras de León,
sino cuando era pequeño,
que no sabía de amor.

ROMANCE DE FONTEFRIDA

Fontefrida, fontefrida,
fontefrida y con amor
do todas las avecicas
van tomar consolación
sino es la tortolica
que está viuda y con dolor.
Por allí fuera a pasar
el traidor de ruiseñor
las palabras que le dice
llenas son de traición:
—Si tú quisieses, señora,
yo sería tu servidor.

Vete de ahí, enemigo,
malo, falso, engañador,
que ni poso en ramo verde,
ni en prado que tenga flor;
que si el agua hallo clara,
turbia la bebía yo;
que no quiero haber marido,
porque hijos no haya no:
no quiero placer con ellos,
ni menos consolación.
Déjame, triste enemigo,
malo, falso, mal traidor,
que no quiero ser tu amiga
ni casar contigo, no.

ROMANCES CABALLERESCOS SUELTOS

ROMANCE DE RICO FRANCO

A caza iban, a caza
los cazadores del rey,
ni fallaban ellos caza,
ni fallaban que traer.
Perdido habían los halcones,
¡mal los amenaza el rey!
Arrimáranse a un castillo
que se llamaba Maynés.
Dentro estaba una doncella
muy fermosa y muy cortés;
siete condes la demandan,
y así facían tres reyes.
Robárala Rico Franco,
Rico Franco aragonés;
llorando iba la doncella
de sus ojos tan cortés.
Falágala Rico Franco,
Rico Franco aragonés:
—Si lloras tú padre o madre,
nunca más vos los veréis,
si lloras los tus hermanos,

yo los maté todos tres.
—Ni lloro padre ni madre,
ni hermanos todos tres;
mas lloro la mi ventura
que no sé cuál ha de ser.
Prestédesme, Rico Franco,
vuestro cuchillo lugués,
cortaré fitas al manto,
que no son para traer.
Rico Franco de cortese
por las cachas lo fue tender;
la doncella que era artera
por los pechos se lo fue a meter:
así vengó padre y madre,
y aun hermanos todos tres.

ROMANCE DE MARQUILLOS

¡Cuán traidor eres, Marquillos!
Cuán traidor de corazón.
Por dormir con tu señora
habías muerto a tu señor.
Desque lo tuviste muerto
quitástele el chapirón;
fuéraste al castillo fuerte
donde está la Blanca-Flor.
Ábreme, linda señora,
que aquí viene mi señor;
si no lo quieres creer,
veis aquí su chapirón.
Blanca-Flor desque lo viera
las puertas luego le abrió:
echóle brazos al cuello,

allí luego la besó;
abrazándola y besando
a un palacio la metió.
—Marquillos, por Dios te ruego
que me otorgases un don:
que no durmieses conmigo
hasta que rayase el sol.
Marquillos, como es hidalgo,
el don luego le otorgó;
como viene tan cansado
en llegando se adurmió.
Levantóse muy ligera
la hermosa Blanca-Flor;
tomara cuchillo en mano
y a Marquillos degolló.

ROMANCE DE LA LINDA MELISENDA

Todas las gentes dormían
en las que Dios tiene parte,
mas no duerme Melisenda
la hija del emperante;
que amores del conde Ayruelo
no la dejan reposar.
Salto diera de la cama
como la parió su madre,
vistiérase una alcandora
no hallando su brial;
vase para los palacios
donde sus damas están;
dando palmadas en ellas
las empezó de llamar:
—Si dormís, las mis doncellas,

si dormides, recordad;
las que sabedes de amores
consejo me queráis dar;
las que de amores non sabedes
tengádesme poridad:
amores del conde Ayruelo
no me dejan reposar.
Allí hablara una vieja;
vieja es de antigua edad:
—Agora es tiempo, señora,
de los placeres tomar,
que si esperáis a vejez
no vos querrá un rapaz.
Desque esto oyó Melisenda
no quiso más esperar,
y vase a buscar al conde
a los palacios do está.
Topara con Hernandillo
un alguacil de su padre.
—¿Qué es aquesto, Melisenda?
¿Esto qué podía estar?
¡O vos tenéis mal de amores,
o os queréis loca tornar!
—Que no tengo mal de amores,
ni tengo por quien penar,
mas cuando fui pequeña
tuve una enfermedad.
Prometí tener novenas
allá en San Juan de Letrán:
las dueñas iban de día,
doncellas agora van.
Desque esto oyera Hernando
puso fin a su hablar;
la infanta mal enojada
queriendo dél se vengar:

—Préstasesme, dijo a Hernando,
prestásesme tu puñal
que miedo me tengo, miedo
de los perros de la calle.
Tomó el puñal por la punta,
los cabos le fue a dar:
diérale tal puñalada
que en el suelo muerto cae.
Y vase para el palacio
a do el conde Ayruelo está;
las puertas halló cerradas,
no sabe por do entrar;
con arte de encantamiento
las abrió de par en par.
Al estruendo el conde Ayruelo
empezara de llamar:
—Socorred, mis caballeros,
socorred sin más tardar;
creo son mis enemigos,
que me vienen a matar.
La Melisenda discreta
le empezara de hablar:
—No te acongojes, señor,
no quieras pavor tomar,
que yo soy una morica
venida de allende el mar.
Desque esto oyera el conde
luego conocido la ha:
fuese el conde para ella,
las manos le fue a tomar,
y a la sombra de un laurel
de Venus es su jugar.

ROMANCE PRIMERO DE MORIANA

Moriana en un castillo
juega con el moro Galván;
juegan los dos a las tablas
por mayor placer tomar.
Cada vez que el moro pierde
bien perdía una cibdad;
cuando Moriana pierde
la mano le da a besar.
Del placer que el moro toma
adormescido se cae.
Por aquellos altos montes
caballero vio asomar:
llorando viene y gimiendo,
las uñas corriendo sangre
de amores de Moriana
hija del rey Morián.
Captiváronla los moros
la mañana de Sant Juan,
cogiendo rosas y flores
en la huerta de su padre.
Alzó los ojos Moriana,
conociéralo en mirarle:
lágrimas de los sus ojos
en la faz del moro dan.
Con pavor recuerda el moro
y empezara de fablar:
—¿Qué es esto, la mi señora?
¿Quién vos ha fecho pesar?
Si os enojaron mis moros
luego los faré matar,
o si las vuesas doncellas,
farélas bien castigar;
y si pesar los cristianos,

yo los iré conquistar.
Mis arreos son las armas,
mi descanso el pelear,
mi cama, las duras peñas,
mi dormir, siempre velar.
—No me enojaron los moros,
ni los mandedes matar,
ni menos las mis doncellas
por mí reciban pesar;
ni tampoco a los cristianos
vos cumple de conquistar,
pero de este sentimiento
quiero vos decir verdad:
que por los montes aquellos
caballero vi asomar,
el cual pienso que es mi esposo,
mi querido, mi amor grande.
Alzó la su mano el moro,
un bofetón le fue a dar:
teniendo los dientes blancos
de sangre vuelto los ha,
y mandó que sus porteros
la lleven a degollar,
allí do viera a su esposo,
en aquel mismo lugar.
Al tiempo de la su muerte
estas voces fue a fablar:
—Yo muero como cristiana,
y también sin confesar
mis amores verdaderos
de mi esposo natural.

ROMANCE QUE DICE: ARRIBA, CANES, ARRIBA

—¡Arriba, canes, arriba!
¡que rabia mala os mate!
en jueves matáis el puerco
y en viernes coméis la carne.
¡Ay que hoy hace los siete años
que ando por este valle!
pues traigo los pies descalzos,
las uñas corriendo sangre,
pues como las carnes crudas,
y bebo la roja sangre,
buscando triste a Julianesa
la hija del Emperante,
pues me la han tomado moros
mañanica de Sant Juan,
cogiendo rosas y flores
en un vergel de su padre.
Oídolo ha Julianesa,
que en brazos del moro está;
las lágrimas de sus ojos
al moro dan en la faz.

LA CONSTANCIA

Mis arreos son las armas,
mi descanso es pelear,
mi cama las duras peñas,
mi dormir siempre velar.
Las manidas son escuras,
los caminos por usar,
el cielo con sus mudanzas

ha por bien de me dañar,
andando de sierra en sierra
por orillas de la mar,
por probar si mi ventura
hay lugar donde avadar.
Pero por vos, mi señora,
todo se ha de comportar.

ROMANCE DEL REY MORO

—¡Oh Valencia, oh Valencia!
¡Oh Valencia valenciana!
un tiempo fuiste de moros,
y ahora eres cristiana:
no pasará mucho tiempo
de moros serás tornada,
que al rey de los cristianos
yo le cortaré la barba,
a la su esposa la reina
la tomaré por criada,
y a la su hija bonita
la tomaré por mi dama.
Ya quiso el Dios de los cielos
que el buen rey se lo escuchaba;
va al palacio de la infanta
que en el lecho descansaba.
—¡Hija de mi corazón!
¡Oh hija de mis entrañas!
levántate al mismo punto,
ponte la ropa de Pascua,
y vete hacia el rey moro,
y entreténlo con palabras.
—¿Me dirías, buena niña,

cómo estás tan descuidada?
—Mi padre está en la pelea,
mi madre al lecho descansa,
y mi hermano mayor
lo han muerto en la campaña.
—¿Me dirías, buena niña,
qué ruido es que sonaba?
—Son los pajes de mi padre
que al caballo dan cebada.
—¿Me dirías, buena niña,
adónde van tantas armas?
—Son los pajes de mi padre
que vienen de la campaña.
No pasó espacio de una hora
que al rey moro lo ligaban.
—¿Me dirías, buena niña,
qué pena me será dada?
—La pena que merecías,
mereces que te quemaran,
y la ceniza que harás,
merece ser aventada.

LAS DOS HERMANAS

—Moro, si vas a la España,
traerás una cautiva,
no sea blanca ni fea,
ni gente de villanía.
Ve venir al conde Flores
que viene de la capilla,
viene de pedir a Dios
que le dé un hijo o una hija.
—Conde Flores, conde Flores,

tu mujer será cautiva.
—No será cautiva, no,
antes perderé la vida.
Cuando partió el conde Flores
su mujer quedó cautiva.
—Aquí traigo, reina mora,
una cristiana muy linda,
que no es blanca ni fea,
ni gente de villanía,
no es mujer de ningún rey,
lo es del conde de Castilla.
—De las esclavas que tengo
tú serás la más querida,
aquí te entrego mis llaves
para hacer la mi cocina.
—Yo las tomaré, señora,
pues tan grand dicha es la mía.
La reina estaba preñada,
la cautiva estaba en cinta;
quiso Dios y la fortuna,
las dos parieron un día.
La reina parió en el trono,
la esclava en tierra paría,
una hija parió la reina,
la esclava un hijo paría;
las comadronas son falsas,
truecan el niño y la niña,
a la reina dan el hijo,
la esclava toma la hija.
Cuando un día la apañaba
estas palabras decía:
—No llores, hija, no llores,
hija mía y no parida,
que si fuese a las mis tierras
muy bien te bautizaría,

y te pondría por nombre
María Flor de la vida,
que yo tenía una hermana
que este nombre se decía,
que yo tenía una hermana,
de moros era cautiva,
que fueron a cautivarla
una mañanita fría
cogiendo rosas y flores
en un jardín que tenía.
La reina ya lo escuchó
del cuarto donde dormía.
Ya la enviaba a buscar
por un negro que tenía:
—¿Qué dices, la linda esclava?
¿Qué dices, linda cautiva?
Palabras que hablo, señora,
yo también te las diría:
No llores, hija, no llores,
hija mía y no parida, etc...
—Si aquesto fuese verdad
hermana mía serías.
—Aquesto es verdad, señora,
como el día en que nacía.
Ya se abrazaban las dos
con grande llanto que había.
El rey moro lo escuchó
del cuarto donde escribía,
ya las envía a buscar
por un negro que tenía:
—¿Qué lloras, regalo mío?
¿qué lloras, la prenda mía?
Tratábamos de casaros
con lo mejor de Turquía.
Ya le respondió la reina,

estas palabras decía:
—No quiero mezclar mi sangre
con la de perros maldita.
Un día mientras paseaban
con su hijo y con su hija,
hecho convenio las dos,
a su tierra se volvían.

ROMANCE QUE DICE: MI PADRE ERA DE RONDA

—Mi padre era de Ronda,
y mi madre de Antequera;
cautiváronme los moros
entre la paz y la guerra,
y lleváronme a vender
a Jerez de la Frontera.
Siete días con sus noches
anduve en almoneda:
no hubo moro ni mora
que por mí diese moneda,
si no fuera un moro perro
que por mí cien doblas diera,
y llevárame a su casa,
y echárame una cadena;
dábame la vida mala,
dábame la vida negra:
de día majar esparto,
de noche moler cibera,
y echóme un freno a la boca,
porque no comiese de ella,
mi cabello retorcido
y tornóme a la cadena.

Pero plugo a Dios del cielo
que tenía el alma buena:
cuando el moro se iba de caza
quitábame la cadena,
y echárame en su regazo,
y espulgóme la cabeza;
por un placer que le hice
otro muy mayor me hiciera:
diérame los cien doblones,
y enviárame a mi tierra;
y así plugo a Dios del cielo
que en salvo me pusiera.

ROMANCE QUE DICE: YO ME ERA MORA MORAIMA

Yo me era mora Moraima,
morilla de un bel catar:
cristiano vino a mi puerta,
cuitada, por me engañar.
Hablóme en algarabía
como aquel que la bien sabe:
—Ábrasme las puertas, mora,
si Alá te guarde de mal.
—¿Cómo te abriré, mezquina,
que no sé quién te serás?
—Yo soy el moro Mazote,
hermano de la tu madre,
que un cristiano dejó muerto;
tras mí venía el alcalde.
Si no me abres tú, mi vida,
aquí me verás matar.
Cuando esto oí, cuitada,

comencéme a levantar,
vistiérame una almejía
no hallando mi brial,
fuérame para la puerta
y abríla de par en par.

ROMANCE DE DON GARCÍA

Atal anda don García
por una sala adelante,
saetas de oro en la mano,
en la otra un arco trae,
maldiciendo a la fortuna
grandes querellas le da:
—Crióme el rey de pequeño,
hízome Dios barragán:
diome armas y caballo,
por do todo hombre más vale,
diérame a doña María
por mujer y por igual,
diérame a cien doncellas
para ella acompañar,
diome el castillo de Urueña
para con ella casar;
diérame cien caballeros
para el castillo guardar,
basteciómele de vino,
basteciómele de pan,
basteciole de agua dulce
que en el castillo no la hay.
Cercáronmelo los moros
la mañana de Sant Juan:
siete años son pasados

el cerco no quieren quitar,
veo morir a los míos,
no teniendo que les dar,
póngolos por las almenas,
armados como se están,
porque pensasen los moros
que podrían pelear.
En el castillo de Urueña
no hay sino sólo un pan,
si le doy a los mis hijos,
la mi mujer ¿qué hará?
si lo como yo, mezquino,
los míos se quejarán.
Hizo el pan cuatro pedazos
y arrojólos al real:
el uno pedazo de aquellos
a los pies del rey fue a dar.
—Alá, pese a mis moros,
Alá le quiera pesar,
de las sobras del castillo
nos bastecen el real.
Manda tocar los clarines
y su cerco luego alzar.

EL CONDE SOL

Grandes guerras se publican
entre España y Portugal:
pena de la vida tiene
quien no se quiera embarcar.
Al conde Sol le nombran
por capitán general;
del rey se fue a despedir,

de su esposa otro que tal.
La condesa que era niña,
todo se le va en llorar.
—Dime, conde, ¿cuántos años
tienes de echar por allá?
—Si a los seis años no vuelvo,
condesa, os podéis casar.
Pasan los seis, y los ocho,
pasan diez, y pasan más,
y el conde Sol no tornaba
ni nuevas suyas fue a dar.
Estando en su estancia sola,
fuela el padre a visitar:
—¿Qué tienes, hija querida,
que no cesas de llorar?
—Padre de toda mi alma,
por la santa Trinidad,
que me queráis dar licencia
para al conde ir a encontrar.
—Mi licencia tenéis, hija,
haced vuestra voluntad.
La condesa al otro día
al conde se fue a buscar,
triste por Italia y Francia,
por la tierra y por la mar.
Ya estaba desesperada,
ya se torna para acá,
cuando gran vacada un día
devisó allá en un pinar.
—Vaquerito, vaquerito,
por la santa Trinidad,
que me niegues la mentira
y me digas la verdad:
¿de quién son estas vaquitas
que en estos montes están?

—Del conde Sol, son, señora,
que manda en este lugar.
—¿Y de quién son esos trigos
que cerca están de segar?
—Señora, del mismo conde,
porque los hizo sembrar.
—¿Y de quién tantas ovejas
que a corderos dan mamar?
—Señora, del conde Sol,
porque los hizo criar.
—¿De quién, dime, esos jardines
y ese palacio real?
—Son del mismo caballero;
porque allí suele habitar.
—¿De quién, de quién los caballos
que se oyen relinchar?
—Del conde Sol, que suele
sobre ellos ir a cazar.
—¿Y quién es aquella dama
que un hombre abrazando está?
—La desposada señora
con que el conde va a casar.
—Vaquerito, vaquerito,
por la santa Soledad,
toma mi ropa de seda,
y vísteme tu sayal,
que ya hallé lo que buscaba,
no lo quier, no, dejar;
agárrame de la mano
y a su puerta me pondrás,
que a pedirle voy limosna,
por Dios, si la quiere dar.
Desque estuvo la condesa
del palacio en el umbral,
una limosnica pide

que se la den por piedad,
y fue tanta su ventura,
aun más que era de esperar,
que la limosna demanda
y el conde se la fue a dar.
—¿De dónde eres, peregrina?
—Soy de España natural.
—¿Cómo llegaste aquí?
—Vine mi esposo a buscar,
por tierra pisando abrojos,
pasando riegos en mar,
y cuando le hallé, señor,
supe que se iba a casar,
supe que olvidó a su esposa,
su esposa que fue leal,
su esposa que por buscalle
cuerpo y alma fue a arriesgar.
—¡Romerica, romerica,
calledes, no digas tal,
que eres el diablo sin duda
que me vienes a tentar!
—No soy el diablo, buen conde,
ni yo te quiero enojar;
soy tu mujer verdadera,
y así te vine a buscar.
El conde cuando esto oyera,
sin un punto más tardar,
un caballo muy ligero
ha mandado aparejar
con cascabeles de plata
guarnido todo el pretal;
con los estribos de oro,
las espuelas otro tal,
y cabalgando de un salto,
a su esposa fue a tomar,

que de alegría y contento
no cesaba de llorar.
Corriendo iba, corriendo,
corriendo va sin parar,
hasta que llegó al castillo
donde es señor natural.
Quedádose ha la novia
vestidica y sin casar,
que quien de lo ajeno viste,
desnudo suele quedar.

DE BLANCA-NIÑA

Blanca, sois, señora mía,
más que el rayo del sol:
¿si la dormiré esta noche
desarmado y sin pavor?
que siete años, había, siete,
que no me desarmo, no,
más negras tengo mis carnes
que un tiznado carbón.
—Dormilda, señor, dormilda,
desarmado sin temor,
que el conde es ido a la caza
a los montes de León.
—Rabia le mate los perros,
y águilas el su halcón,
y del monte hasta casa,
a él arrastre el morón.
Ellos en aquesto estando
su marido que llegó:
—¿Qué hacéis, la Blanca-niña,
hija de padre traidor?

—Señor, peino mis cabellos,
péinolos con gran dolor,
que me dejéis a mí sola
y a los montes os vais vos.
—Esa palabra, la niña,
no era sino traición:
¿cuyo es aquel caballo
que allá bajo relinchó.
—Señor, era de mi padre,
y envióoslo para vos.
—¿Cuyas son aquellas armas
que están en el corredor?
—Señor, eran de mi hermano,
y hoy os las envió.
—¿Cuya es aquella lanza,
desde aquí la veo yo?
—Tomalda, conde, tomalda,
matadme con ella vos,
que aquesta muerte, buen conde,
bien os la merezco yo.

ROMANCE DEL CONDE LOMBARDO

¡Ay cuán linda que eres, Alba,
más linda que no la flor!
¡Quién contigo la durmiese
una noche sin temor!
Que no lo supiese Albertos,
ese tu primero amor...
—A caza es ido, a caza
a los montes de León.
—Si a caza es ido, señora,
cáigale mi maldición,

rabia le mate los perros,
aguilillas el falcón,
lanzada de moro izquierdo
le traspase el corazón.
—Apead, conde don Grifos,
porque hace gran calor.
¡Lindas manos tenéis conde!
¡Ay cuán flaco estáis, señor!
—No os maravilléis, mi vida,
que muero por vuestro amor,
y por bien que pene y muera
no alcanzo ningún favor.
En aquesto estando, Albertos
toca a la puerta mayor.
—¿Dónde os pondré yo, don Grifos,
por hacer salvo mi honor?
Tomáralo de la mano
y subiólo a un mirador,
y bajóse a abrir a Albertos
muy de presto y sin sabor.
—¿Qué es lo que tenéis, señora?
¡Mudada estáis de color!
¡O habéis bebido del vino,
o tenéis celado amor!
—En verdad, amigo Albertos,
no tengo de eso pavor,
sino que perdí las llaves,
las llaves del mirador.
—No toméis enojo, Alba,
de eso no toméis rancor,
que si de plata eran ellas,
de oro las haré mejor.
¿Cuyas son aquellas armas
que tienen tal resplandor?
—Vuestras, que hoy, señor Albertos,

las limpié de ese tenor.
—¿De quién es aquel caballo
que siento relinchador?
Cuando Alba aquesto oyera
cayó muerta de temor.

ROMANCE DE CATALINA

Yo me adamé una amiga
dentro en mi corazón;
Catalina había por nombre,
no la puedo olvidar, no.
Rogóme que la llevase
a las tierras de Aragón.
—Catalina, sois mochacha,
no podréis caminar, no.
—Tanto andaré, el caballero,
tanto andaré como vos;
si lo dejáis por dinero,
llevaré para los dos,
ducados para Castilla,
florines para Aragón.
Ellos en aquesto estando,
la justicia que llegó.

ROMANCE DE LA BELLA MAL MARIDADA

—La bella mal maridada,
de las lindas que yo vi,
véote tan triste enojada;
la verdad dila tú a mí.

Si has de tomar amores
por otro, no dejes a mí,
que a tu marido, señora,
con otras dueñas lo vi,
besando y retozando:
mucho mal dice de ti;
juraba y perjuraba
que te había de ferir.
Allí habló la señora,
allí habló, y dijo así:
—Sácame tú, el caballero,
tú sacásesme de aquí;
por las tierras donde fueres
bien te sabría yo servir;
yo te haría bien la cama
en que hayamos de dormir,
yo te guisaré la cena
como a caballero gentil,
de gallinas y de capones
y otras cosas más de mil;
que a este mi marido
ya no le puedo sufrir,
que me da muy mala vida
cual vos bien podéis oír.
Ellos en aquesto estando
su marido helo aquí:
—¿Qué hacéis, mala traidora?
¡Hoy habedes de morir!
—¿Y por qué, señor? ¿por qué?
que nunca os lo merecí.
Nunca besé a hombre,
mas hombre besó a mí;
las penas que él merecía,
señor, daldas vos a mí:
con riendas de tu caballo,

señor, azotes a mí;
con cordones de oro y sirgo
viva ahorques a mí.
En la huerta de los naranjos
viva entierres tú a mí,
en sepultura de oro
y labrada de marfil;
y pongas encima un mote,
señor, que diga así:
«Aquí está la flor de las flores,
por amores murió aquí:
cualquier que muere de amores
mándese enterrar aquí,
que así hice yo, mezquina,
que por amar me perdí.»

LA ERMITA DE SAN SIMÓN

En Sevilla está una ermita
cual dicen de San Simón,
adonde todas las damas
iban a hacer oración.
Allá va la mi señora,
sobre todas la mejor,
saya lleva sobre saya,
mantillo de un tornasol,
en la boca muy linda
lleva un poco de dulzor,
en la su cara muy blanca
lleva un poco de color,
y en los ojuelos garzos
lleva un poco de alcohol,
a la entrada de la ermita

relumbrando como el sol.
El abad que dice la misa
no la puede decir, non,
monacillos que le ayudan
no aciertan responder, non,
por decir: amén, amén,
decían: amor, amor.

ROMANCES DEL CICLO ARTÚRICO

ROMANCE DE DON TRISTÁN

Ferido está don Tristán
de una mala lanzada,
diérasela el rey su tío
por celos que dél cantaba.
El fierro tiene en el cuerpo,
de fuera le tembla el asta:
valo a ver la reina Iseo
por la su desdicha mala.
Júntanse boca con boca
cuanto una misa rezada,
llora el uno, llora el otro,
la cama bañan en agua:
allí nace un arboledo
que azucena se llamaba,
cualquier mujer que la come
luego se siente preñada:
comiérala reina Iseo
por la su desdicha mala.

ROMANCE DE LANZAROTE

Tres hijuelos había el rey,
tres hijuelos, que no más;
por enojo que hubo de ellos
todos maldito los ha.
El uno se tornó ciervo,
el otro se tornó can,
el otro se tornó moro,
pasó las aguas del mar.
Andábase Lanzarote
entre las damas holgando,
grandes voces dio la una:
—Caballero, estad parado:
si fuese la mi ventura,
cumplido fuese mi hado
que yo casase con vos,
y vos conmigo de grado,
y me diésedes en arras
aquel ciervo del pie blanco.
—Dároslo he yo, mi señora,
de corazón y de grado,
y supiese yo las tierras
donde el ciervo era criado.
Ya cabalga Lanzarote,
ya cabalga y va su vía,
delante de sí llevaba
los sabuesos por la traílla.
Llegado había a una ermita,
donde un ermitaño había:
—Dios te salve, el hombre bueno.
—Buena sea tu venida:
cazador me parecéis
en los sabuesos que traía.
—Dígasme tú, el ermitaño,

tú que haces santa vida,
ese ciervo del pie blanco
¿dónde hace su manida?
—Quedáisos aquí, mi hijo,
hasta que sea de día,
contaros he lo que vi,
y todo lo que sabía.
Por aquí pasó esta noche
dos horas antes del día,
siete leones con él
y una leona parida.
Siete condes deja muertos,
y mucha caballería.
Siempre Dios te guarde, hijo,
por doquier que fuer tu ida,
que quien acá te envió
no te quería dar la vida.
¡Ay dueña de Quintañones,
de mal fuego seas ardida,
que tanto buen caballero
por tí ha perdido la vida!

ROMANCE DE LANZAROTE

Nunca fuera caballero
de damas tan bien servido,
como fuera Lanzarote
cuando de Bretaña vino,
que dueñas curaban dél,
doncellas del su rocino.
Esa dueña Quintañona,
esa le escanciaba el vino,
la linda reina Ginebra

se lo acostaba consigo;
y estando al mejor sabor,
que sueño no había dormido,
la reina toda turbada
un pleito ha conmovido.
—Lanzarote, Lanzarote,
si antes hubieres venido
no hablara el orgulloso
las palabras que había dicho,
que a pesar de vos, señor,
se acostaría conmigo.
Ya se arma Lanzarote
de gran pesar conmovido,
despídese de su amiga,
pregunta por el camino,
topó con el orgulloso
debajo de un verde pino,
combátense de las lanzas,
a las hachas han venido.
Ya desmaya el orgulloso,
ya cae en tierra tendido,
cortárale la cabeza,
sin hacer ningún partido;
vuélvese para su amiga
donde fue bien recibido.

ROMANCE DEL INFANTE VENGADOR

¡Helo, helo por do viene
el infante vengador,
caballero a la jineta
en un caballo corredor,
su manto revuelto al brazo,

demudada la color,
y en la mano derecha
un venablo cortador,
Con la punta del venablo
sacaría un arador.
Siete veces fue templado
en la sangre de un dragón,
y otras tantas fue afilado
porque cortase mejor:
el hierro fue hecho en Francia,
y el asta en Aragón:
perfilándoselo iba
en las alas de su halcón.
Iba buscar a don Cuadros,
a don Cuadros el traidor,
allá le fuera a hallar
junto el emperador.
La vara tiene en la mano,
que era justicia mayor.
Siete veces lo pensaba,
si lo tiraría o no,
y al cabo de las ocho
el venablo le arrojó.
Por dar al dicho don Cuadros
dado ha al emperador:
pasado le ha manto y sayo
que era de un tornasol:
por el suelo ladrillado
más de un palmo le metió.
Allí le habló el rey
bien oiréis lo que habló:
—¿Por qué me tiraste, infante?
¿por qué me tiras, traidor?
—Perdóneme tu Alteza,
que no tiraba a ti, no:

tiraba al traidor de Cuadros,
ese falso engañador,
que siete hermanos tenía,
no ha dejado, si a mí no;
por eso delante de ti,
buen rey, lo desafío yo.
Todos fían a don Cuadros,
y al infante no fían, no,
si no fuera una doncella,
hija es del emperador,
que los tomó por la mano,
y en el campo los metió.
A los primeros encuentros
Cuadros en tierra cayó.
Apeárase el infante,
la cabeza le cortó,
y tomárala en su lanza,
y al buen rey la presentó.
De que aquesto vido el rey
con su hija le casó.

ROMANCE DE LA INFANTINA

A cazar va el caballero,
a cazar como solía;
los perros lleva cansados,
el falcón perdido había,
arrimárase a un roble,
alto es a maravilla.
En una rama más alta,
viera estar una infantina;
cabellos de su cabeza
todo el roble cobrían.

—No te espantes, caballero,
ni tengas tamaña grima.
Fija soy yo del buen rey
y de la reina de Castilla:
siete fadas me fadaron
en brazos de una ama mía,
que andase los siete años
sola en esta montiña.
Hoy se cumplían los siete años,
o mañana en aquel día:
por Dios te ruego, caballero,
llévesme en tu compañía,
si quisieres por mujer,
si no, sea por amiga.
—Esperéisme vos, señora,
fasta mañana, aquel día,
iré yo tomar consejo
de una madre que tenía.
La niña le respondiera
y estas palabras decía:
—¡Oh mal haya el caballero
que sola deja la niña!
Él se va a tomar consejo,
y ella queda en la montiña.
Aconsejóle su madre
que la tomase por amiga.
Cuando volvió el caballero
no la hallara en la montiña:
vídola que la llevaban
con muy gran caballería.
El caballero desque la vido
en el suelo se caía:
desque en sí hubo tornado
estas palabras decía:
—Caballero que tal pierde,

muy gran pena merecía:
yo mesmo seré el alcalde,
yo me seré la justicia:
que le corten pies y manos
y lo arrastren por la villa.

ROMANCE DEL CONDE ARNALDOS

¡Quién hubiese tal ventura
sobre las aguas de mar,
como hubo el conde Arnaldos
la mañana de San Juan!
Con un falcón en la mano
la caza iba cazar,
vio venir una galera
que a tierra quiere llegar.
Las velas traía de seda,
la jarcia de un cendal,
marinero que la manda
diciendo viene un cantar
que la mar facía en calma,
los vientos hace amainar,
los peces que andan 'nel hondo
arriba los hace andar,
las aves que andan volando
en el mástil las face posar.
Allí fabló el conde Arnaldos,
bien oiréis lo que dirá:
—Por Dios te ruego, marinero,
dígasme ora ese cantar.
Respondióle el marinero,
tal respuesta le fue a dar:
—Yo no digo esta canción
sino a quien conmigo va.

ROMANCE QUE DICEN: DE FRANCIA PARTIÓ LA NIÑA

De Francia partió la niña,
de Francia la bien guarnida:
íbase para París,
do padre y madre tenía.
Errado lleva el camino,
errada lleva la guía:
arrimárase a un roble
por esperar compañía.
Vio venir un caballero,
que a París lleva la guía.
La niña desque lo vido
de esta suerte le decía:
—Si te place, caballero,
llévesme en tu compañía.
Pláceme, dijo, señora,
pláceme, dijo, mi vida.
Apeóse del caballo
por hacelle cortesía;
puso la niña en las ancas
y él subiérase en la silla.
En el medio del camino
de amores la requería.
La niña desque lo oyera
díjole con osadía:
—Tate, tate, caballero,
no hagáis tal villanía:
hija soy de un malato
y de una malatía;
el hombre que a mí llegase
malato se tornaría.
El caballero con temor
palabra no respondía.

A la entrada de París
la niña se sonreía.
—¿De qué vos reís, señora?
¿de qué vos reís, mi vida?
—Ríome del caballero,
y de su gran cobardía,
¡tener la niña en el campo,
y catarle cortesía!
Caballero con vergüenza
estas palabras decía:
—Vuelta, vuelta, mi señora,
que una cosa se me olvida.
La niña como discreta
dijo: —Yo no volvería,
ni persona, aunque volviese,
en mi cuerpo tocaría:
hija soy del rey de Francia
y de la reina Constantina,
el hombre que a mí llegase
muy caro le costaría.

DE LAS SEÑAS DEL ESPOSO

Caballero, si a Francia ides
por mi señor preguntad,
y porque le conozcáis
con poca dificultad,
daros he las señas dél
sin ninguna falsedad:
él es dispuesto de cuerpo,
y de mucha gravedad,
blanco, rubio y colorado,
mancebo y de poca edad,

el cual por ser tan hermoso
temo de su lealtad.
Hablaréisle con crianza,
porque en él suele morar;
decidle que su señora
se le envía a encomendar,
que ya me parece tiempo
de venirme a libertar
de esta prisión en que vivo,
muriendo de soledad;
y se acuerde que me deja
sin ninguna libertad,
que me la llevó consigo
de mi propia voluntad;
y las justas y torneos
yo las supe de verdad;
la divisa que sacó
en señal de desamar.
Y si acaso amores tiene
y no los quiere dejar,
decidle de parte mía,
sin ningún temor mostrar:
que ausentes, por los presentes
ligeros son de olvidar.

ROMANCE QUE DICEN: BIEN SE PENSABA LA REINA

Bien se pensaba la reina
que buena hija tenía,
que del conde don Galván
tres veces parido había,
que no lo sabía ninguno

de los que en la corte había,
sino fuese una doncella
que en su cámara dormía;
y por un enojo que hubiera
a la reina lo decía.
La reina se la llamaba
y a su cámara la metía,
y estando en este cuidado
de palabras la castiga:
—Ay, hija, si virgo estáis,
reina seréis de Castilla:
hija, si virgo no estáis
de mal fuego seas ardida.
—Tan virgo estoy, la mi madre,
como el día que fui nascida;
por Dios os ruego, mi madre,
que no me dedes marido;
doliente soy del mi cuerpo,
que no soy para servillo.

ROMANCE DE GERINELDO

—Gerineldo, Gerineldo,
el mi paje más querido,
quisiera hablarte esta noche
en este jardín sombrío.
—Como soy vuestro criado,
señora, os burláis conmigo.
—No me burlo, Gerineldo,
que de verdad te lo digo.
—¿A qué hora, mi señora,
comprir heis lo prometido?
—Entre las doce y la una,

que el rey estará dormido.
Tres vueltas da a su palacio
y otras tantas al castillo;
el calzado se quitó
y del buen rey no es sentido:
y viendo que todos duermen
do posa la infanta ha ido.
La infanta que oyera pasos
de esta manera le dijo:
—¿Quién a mi estancia se atreve?
¿Quién a tanto se ha atrevido?
—No vos turbéis, mi señora,
yo soy vuestro dulce amigo,
que acudo a vuestro mandado
humilde y favorecido.
Enilda le ase la mano
sin más celar su cariño:
cuidando que era su esposo
en el lecho se han metido,
y se hacen dulces halagos
como mujer y marido.
Tantas caricias se hacen
y con tanto fuego vivo,
que al cansancio se rindieron
y al fin quedaron dormidos.
El alba salía apenas
a dar luz al campo amigo,
cuando el rey quiere vestirse,
mas no encuentra sus vestidos:
—Que llamen a Gerineldo
el mi buen paje querido.
Unos dicen: —No está en casa.
Otros dicen: —No lo he visto.
Salta el buen rey de su lecho
y vistióse de proviso,

receloso de algún mal
que puede haberle venido.
Al cuarto de Enilda entraba,
y en su lecho halla dormidos
a su hija y a su paje
en estrecho abrazo unidos.
Pasmado quedó y parado
el buen rey muy pensativo:
pensándose qué hará
contra los dos atrevidos.
—¿Mataré yo a Gerineldo,
al que cual hijo he querido?
¡Si yo matare la infanta
mi reino tengo perdido!
En tal estrecho el buen rey,
para que fuese testigo,
puso la espada por medio
entre los dos atrevidos.
Hecho esto se retira
del jardín a un bosquecillo.
Enilda al despertarse,
notando que estaba el filo
de la espada entre los dos,
dijo asustada a su amigo:
—Levántate, Gerineldo,
levántate, dueño mío,
que del rey la fiera espada
entre los dos ha dormido.
—¿Adónde iré, mi señora?
¿Adónde me iré, Dios mío?
¿Quién me librará de muerte,
de muerte que he merecido?
—No te asustes, Gerineldo,
que siempre estaré contigo:
márchate por los jardines

que luego al punto te sigo.
Luego obedece a la infanta,
haciendo cuanto le ha dicho:
pero el rey, que está en acecho,
se le hace encontradizo.
—¿Dónde vas, buen Gerineldo?
¿Cómo están tan sin sentido?
—Paseaba estos jardines
para ver si han florecido,
y vi que una fresca rosa,
el color ha deslucido.
—Mientes, mientes, Gerineldo,
que con Enilda has dormido.
Estando en esto el sultán,
un gran pliego ha recibido:
ábrelo luego, y al punto
todo el color ha perdido.
—Que prendan a Gerineldo,
que no salga del castillo.
En esto la hermosa Enilda
cuidadosa llega a aquel sitio.
De lo que pasa informada,
y conociendo el peligro,
sin esperar a que torne
el buen rey enfurecido,
salta las tapias ligera
en pos de su amor querido.
Huyendo se va a Tartaria
con su amante y fiel amigo,
que en un brioso caballo
la atendía en el ejido.
Allí antes de casarse
recibe Enilda el bautismo,
y las joyas que lleva
en dos cajas de oro fino

una vida regalada
a su amante han prometido.

ROMANCE DEL CONDE ALARCOS Y DE LA INFANTA SOLISA

Retraída está la infanta,
bien así como solía,
viviendo muy descontenta
de la vida que tenía,
viendo que ya se pasaba
toda la flor de su vida,
y que el rey no la casaba,
ni tal cuidado tenía.
Entre sí estaba pensando
a quien se descubriría,
acordó llamar al rey
como otras veces solía,
por decirle su secreto
y la intención que tenía.
Vino el rey siendo llamado,
que no tardó su venida:
vídola estar apartada,
sola está sin compañía;
su lindo gesto mostraba
ser más triste que solía.
Conociera luego el rey
el enojo que tenía.
—¿Qué es aquesto, la infanta?
¿qué es aquesto, hija mía?
Contadme vuestros enojos,
no toméis melancolía,
que sabiendo la verdad

todo se remediaría.
—Menester será, buen rey,
remediar la vida mía,
que a vos quedé encomendada
de la madre que tenía.
Dédesme, buen rey, marido,
que mi edad ya lo pedía:
con vergüenza os lo demando,
no con gana que tenía,
que aquestos cuidados tales
a vos, rey, pertenecían.
Escuchada su demanda,
el buen rey le respondía:
—Esa culpa, la infanta,
vuestra era, que no mía,
que ya fuérades casada
con el príncipe de Hungría.
No quisiste escuchar
la embajada que os venía,
pues acá en las nuestras cortes,
hija, mal recaudo había,
porque en todos los mis reinos
vuestro par igual no había,
sino era el conde Alarcos,
hijos y mujer tenía.
—Convidaldo vos, el rey,
al conde Alarcos un día,
y después que hayáis comido
decilde de parte mía,
decilde que se acuerde
de la fe que dél tenía,
la cual él me prometió,
que yo no se la pedía,
de ser siempre mi marido,
yo que su mujer sería.

Yo fui de ello muy contenta
y que no me arrepentía.
Si casó con la condesa
que mirase lo que hacía,
que por él no me casé
con el príncipe de Hungría:
si casó con la condesa,
dél es culpa, que no mía.
Perdiera el rey en oírlo
el sentido que tenía,
mas después en sí tornado
con enojo respondía:
—¡No son estos los consejos,
que vuestra madre os decía!
¡Muy mal mirastes, infanta,
do estaba la honra mía!
Si verdad es todo eso
vuestra honra ya es perdida:
no podéis vos ser casada
siendo la condesa viva.
Si se hace el casamiento
por razón o por justicia,
en el decir de las gentes
por mala seréis tenida.
Dadme vos, hija, consejo,
que el mío no bastaría,
que ya es muerta vuestra madre
a quien consejo pedía.
—Yo os lo daré, buen rey,
de este poco que tenía:
mate el conde a la condesa,
que nadie no lo sabría,
y eche fama que ella es muerta
de un cierto mal que tenía,
y tratarse ha el casamiento

como cosa no sabida.
De esta manera, buen rey,
mi honra se guardaría.
De allí se salía el rey,
no con placer que tenía;
lleno va de pensamientos
con la nueva que sabía;
vido estar al conde Alarcos
entre muchos, que decía:
—¿Qué aprovecha, caballeros,
amar y servir amiga,
que son servicios perdidos
donde firmeza no había?
No pueden por mí decir
aquesto que yo decía,
que en el tiempo que yo serví
una que tanto quería,
si muy bien la quise entonces,
agora más la quería;
mas por mí pueden decir
quien bien ama tarde olvida.
Estas palabras diciendo
vido al buen rey que venía,
y hablando con el rey
de entre todos se salía.
Dijo el buen rey al conde
hablando con cortesía:
—Convidaros quiero, conde,
por mañana en aquel día,
que queráis comer conmigo
por tenerme compañía.
—Que se haga de buen grado
lo que su Alteza decía;
beso sus reales manos
por la buena cortesía:

detenerme he aquí mañana,
aunque estaba de partida,
que la condesa me espera
segun la carta que envía.
Otro día de mañana
el rey de misa salía;
asentóse luego a comer,
no por gana que tenía,
sino por hablar al conde
lo que hablarle quería.
Allí fueron bien servidos
como a rey pertenecía.
Después que hubieron comido,
toda la gente salía,
quedóse el rey con el conde
en la tabla do comía.
Empezó de hablar el rey
la embajada que traía:
—Unas nuevas traigo, conde,
que de ellas no me placía,
por las cuales yo me quejo
de vuestra descortesía.
Prometistes a la infanta
lo que ella no vos pedía,
de siempre ser su marido,
y a ella que le placía.
Si otras cosas pasastes
no entre en esa porfía.
Otra cosa os digo, conde,
de que más os pesaría:
que matéis a la condesa
que cumple a la honra mía:
echéis fama que ella es muerta
de cierto mal que tenía,
y tratarse ha el casamiento

como cosa no sabida,
porque no sea deshonrada
hija que tanto quería.
Oídas estas razones
el buen conde respondía:
—No puedo negar, el rey,
lo que la infanta decía,
sino que otorgo ser verdad
todo cuanto me pedía.
Por miedo de vos, el rey,
no casé con quien debía,
no pensé que vuestra Alteza
en ello consentiría:
de casar con la infanta
yo, señor, bien casaría;
mas matar a la condesa,
señor rey, no lo haría,
porque no debe morir
la que mal no merecía.
—De morir tiene, el buen conde,
por salvar la honra mía,
pues no mirastes primero
lo que mirar se debía.
Si no muere la condesa
a vos costará la vida.
Por la honra de los reyes
muchos sin culpa morían,
porque muera la condesa
no es mucha maravilla.
—Yo la mataré, buen rey,
mas no será la culpa mía:
vos os avendréis con Dios
en fin de vuestra vida,
y prometo a vuestra Alteza,
a fe de caballería,

que me tengan por traidor
si lo dicho no cumplía
de matar a la condesa,
aunque mal no merecía.
Buen rey, si me dais licencia
yo luego me partiría.
—Vayáis con Dios, el buen conde,
ordenad vuestra partida.
Llorando se parte el conde,
llorando sin alegría;
llorando por la condesa,
que más que a sí la quería.
Llorando también el conde
por tres hijos que tenía,
el uno era de teta,
que la condesa lo cría,
que no quería mamar
de tres amas que tenía
sino era de su madre
porque bien la conocía:
los otros eran pequeños,
poco sentido tenían.
Antes que llegase el conde
estas razones decía:
—¡Quién podrá mirar, condesa,
vuestra cara de alegría,
que saldréis a recebirme
a la fin de vuestra vida!
Yo soy el triste culpado,
esta culpa toda es mía.
En diciendo estas palabras
la condesa ya salía,
que un paje le había dicho
como el conde ya venía.
Vido la condesa al conde

la tristeza que tenía,
viole los ojos llorosos
que hinchados los tenía
de llorar por el camino
mirando el bien que perdía.
Dijo la condesa al conde:
¡Bien vengáis, bien de mi vida!
¿Qué habéis, el conde Alarcos?
¿por qué lloráis, vida mía,
que venís tan demudado
que cierto no os conocía?
No parece vuestra cara
ni el gesto que ser solía;
dadme parte del enojo
como dais de la alegría.
¡Decídmelo luego, conde,
no matéis la vida mía!
—Yo vos lo diré, condesa,
cuando la hora sería.
—Si no me lo decís, conde,
cierto yo reventaría.
—No me fatiguéis, señora,
que no es la hora venida.
Cenemos, luego, condesa,
de aqueso que en casa había.
—Aparejado está, conde,
como otras veces solía.
Sentóse el conde a la mesa,
no cenaba ni podía,
con sus hijos al costado,
que muy mucho los quería.
Echóse sobre los hombros;
hizo como que dormía;
de lágrimas de sus ojos
toda la mesa cubría.

Mirándolo la condesa;
que la causa no sabía;
no le preguntaba nada,
que no osaba ni podía.
Levantóse luego el conde,
dijo que dormir quería;
dijo también la condesa
que ella también dormiría;
mas entre ellos no había sueño,
si la verdad se decía.
Vanse el conde y la condesa
a dormir donde solían:
dejan los niños de fuera
que el conde no los quería:
lleváronse el más chiquito,
el que la condesa cría:
cierra el conde la puerta,
lo que hacer no solía.
Empezó de hablar el conde
con dolor y con mancilla:
—¡Oh desdichada condesa,
grande fue la tu desdicha!
—No so desdichada, el conde,
por dichosa me tenía
sólo en ser vuestra mujer:
esta fue gran dicha mía.
—¡Si bien lo sabéis, condesa,
esa fue vuestra desdicha!
Sabed que en tiempo pasado
yo amé a quien servía,
la cual era la infanta.
Por desdicha vuestra y mía
prometí casar con ella;
y a ella que le placía,
demándame por marido

por la fe que me tenía.
Puédelo muy bien hacer
de razón y de justicia:
díjomelo el rey su padre
porque de ella lo sabía.
Otra cosa manda el rey
que toca en el alma mía:
manda que muráis, condesa,
a la fin de vuestra vida,
que no puede tener honra
siendo vos, condesa, viva.
Desque esto oyó la condesa
cayó en tierra amortecida:
más después en sí tornada
estas palabras decía:
—¡Pagos son de mis servicios,
conde, con que yo os servía!
si no me matáis, el conde,
yo bien os aconsejaría:
enviédesme a mis tierras
que mi padre me ternía;
yo criaré vuestros hijos
mejor que la que vernía,
yo os mantendré castidad
como siempre os mantenía.
—De morir habéis, condesa,
enantes que venga el día.
—¡Bien parece, el conde Alarcos,
yo ser sola en esta vida;
porque tengo el padre viejo,
mi madre ya es fallecida,
y mataron a mi hermano
el buen conde don García,
que el rey lo mandó matar
por miedo que dél tenía!

No me pesa de mi muerte,
porque yo morir tenía,
mas pésame de mis hijos,
que pierden mi compañía:
hacémelos venir, conde,
y verán mi despedida.
—No los veréis más, condesa,
en días de vuestra vida:
abrazad este chiquito,
que aqueste es el que os perdía.
Pésame de vos, condesa,
cuanto pesar me podía.
No os puedo valer, señora,
que más me va que la vida;
encomendaos a Dios
que esto hacerse tenía.
—Dejéisme decir, buen conde,
una oración que sabía.
—Decilda, presto, condesa,
enantes que venga el día.
—Presto la habré dicho, conde,
no estaré un Ave María.
Hincó las rodillas en tierra
esta oración decía:
"En las tus manos, Señor,
encomiendo el alma mía:
no me juzgues mis pecados
según que yo merecía,
mas según tu gran piedad
y la tu gracia infinita."
—Acabada es ya, buen conde,
la oración que sabía;
encomiéndoos esos hijos
que entre vos y mí había,
y rogar a Dios por mí

mientras tuviéredes vida,
que a ello sois obligado
pues que sin culpa moría.
Dédesme acá ese hijo,
mamará por despedida.
—No lo despertéis, condesa,
dejaldo estar, que dormía,
sino que os demando perdón
porque ya viene el día.
—A vos yo perdono, conde,
por el amor que os tenía;
mas yo no perdono al rey,
ni a la infanta su hija,
sino que queden citados
delante la alta justicia,
que allá vayan a juicio
dentro de los treinta días.
Estas palabras diciendo
el conde se apercebía:
echóle por la garganta
una toca que tenía,
apretó con las dos manos
con la fuerza que podía;
no le aflojó la garganta
mientras que vida tenía.
Cuando ya la vido el conde
traspasada y fallecida,
desnudóle los vestidos
y las ropas que tenía:
echóla encima la cama,
cubrióla como solía;
desnudóse a su costado,
obra de un Ave María;
levantóse dando voces
a la gente que tenia:

—¡Socorré, mis escuderos,
que la condesa se fina!
Hallan la condesa muerta
los que a socorrer venían.
Así murió la condesa,
sin razón y sin justicia;
mas también todos murieron
dentro de los treinta días.
Los doce días pasados
la infanta ya moría;
el rey a los veinte y cinco,
el conde al teinteno día,
allá fueron a dar cuenta
a la justicia divina.
Acá nos dé Dios su gracia,
y allá la gloria cumplida.

ROMANCE QUE DICE: NUÑO VERO

—Nuño Vero, Nuño Vero,
buen caballero probado,
hinquedes la lanza en tierra
y arrendedes el caballo;
preguntaros he por nuevas
de Valdovinos el franco.
—Aquesas nuevas, señora,
yo vos las diré de grado.
Esta noche a media noche
entramos en cabalgada,
y los muchos a los pocos
lleváronnos de arrancada:
hirieron a Valdovinos
de una mala lanzada;

la lanza tenía dentro,
de fuera le tiembla el asta:
o esta noche morirá,
o de buena madrugada.
Si te plugiese, Sebilla,
fueses tú mi enamorada.
—Nuño Vero, Nuño Vero,
mal caballero probado,
yo te pregunto por nuevas,
tú respándesme al contrario,
que aquesta noche pasada
conmigo durmiera el franco:
él me diera una sortija,
yo le di un pendón labrado.

ROMANCES DE HISTORIAS FRANCESAS

ROMANCE DE DON GAIFEROS

Media noche era por filo,
los gallos querían cantar,
cuando el infante Gaiferos
salió de captividad;
muerto deja al carcelero
y a cuantos con él están:
vase por una calle ayuso
como hombre mundanal,
hablando en algarabía
como aquel que bien la sabe.
Íbase para la puerta,
la puerta de la ciudad;
halla las puertas cerradas,
no halla por do botar.
Desque se vido perdido
empezara de llamar:
—¡Ábrasme la puerta, el moro,
si Alá te guarde de mal!
Mensajero soy del rey,
cartas llevo de mensaje.
Allí hablara el moro,

bien oiréis lo que dirá:
—Si eres mensajero, amigo,
y cartas llevas de mensaje,
esperases tú al día,
y con los otros saldrás.
Desque esto oyera Gaiferos
bien oiréis lo que dirá:
—¡Ábrasme la puerta, el moro,
si Alá te guarde de mal!
Darte he tres pesantes de oro,
que aquí no traía más.
Oído lo había una morica
que en altas torres está,
dícele de esta manera,
empezóle de hablar:
—Toma los pesantes, moro,
que menester te serán,
la mujer tienes moza,
hijos chicos de criar.
Desque esto oyó el moro
recio se fue a levantar,
las puertas que están cerradas
abriólas de par en par.
Acordósele a Gaiferos
de una espada que trae,
la cabeza de los hombros
derribado se la ha.
Muerto cae el morico,
en el suelo muerto cae.
Desque esto vio la morica
empieza de gritos dar,
ella los daba tan grandes
que al cielo quieren llegar:
—¡Abrasmonte, Abrasmonte,
el señor de este lugar!

Cuando acuerdan por Gaiferos,
ya estaba en la cristiandad.

ROMANCE DE ROSAFLORIDA

En Castilla está un castillo,
que se llama Rocafrida;
al castillo llaman Roca,
y a la fonte llaman Frida.
El pie tenía de oro,
y almenas de plata fina;
entre almena y almena
está una piedra zafira;
tanto relumbra de noche
como el sol a mediodía.
Dentro estaba una doncella
que llaman Rosaflorida:
siete condes la demandan,
tres duques de Lombardía;
a todos les desdeñaba,
tanta es su lozanía.
Enamoróse de Montesinos
de oídas, que no de vista.
Una noche estando así,
gritos da Rosaflorida:
oyérala un camarero,
que en su cámara dormía.
—¿Qué es aquesto, mi señora?
¿qué es esto, Rosaflorida?
o tenedes mal de amores,
o estáis loca sandía.
—Ni yo tengo mal de amores,
ni estoy loca sandía,

mas llevásesme estas cartas
a Francia la bien guarnida;
diéselas a Montesinos,
la cosa que yo más quería;
dile que me venga a ver
para la Pascua Florida;
darle he yo este mi cuerpo,
el más lindo que hay en Castilla,
si no es él de mi hermana,
que de fuego sea ardida;
y si de mí más quisiere
yo mucho más le daría:
darle he siete castillos
los mejores que hay en Castilla.

ROMANCE DE DURANDARTE

Durandarte, Durandarte,
buen caballero probado,
yo te ruego que hablemos
en aquel tiempo pasado,
y dime si se te acuerda
cuando fuiste enamorado,
cuando en galas e invenciones
publicabas tu cuidado,
cuando venciste a los moros
en campo por mí aplazado:
agora, desconocido,
di, ¿por qué me has olvidado?
—Palabras son lisonjeras,
señora, de vuestro grado,
que si yo mudanza hice,
vos lo habéis todo causado,

pues amastes a Gaiferos,
cuando yo fui desterrado;
que si amor queréis conmigo
tenéislo muy mal pensado;
que por no sufrir ultraje
moriré desesperado.

ROMANCE DE DOÑA ALDA

En París está doña Alda
la esposa de don Roldán,
trescientas damas con ella
para la acompañar:
todas visten un vestido,
todas calzan un calzar,
todas comen a una mesa,
todas comían de un pan,
sino era doña Alda,
que era la mayoral.
Las ciento hilaban oro,
las ciento tejen cendal,
las ciento tañen instrumentos
para doña Alda holgar.
Al son de los instrumentos
doña Alda adormido se ha:
ensoñando había un sueño,
un sueño de gran pesar.
Recordó despavorida
y con un pavor muy grande,
los gritos daba tan grandes,
que se oían en la ciudad.
Allí hablaron sus doncellas,
bien oiréis lo que dirán:

—¿Qué es aquesto, mi señora?
¿quién es el que os hizo mal?
—Un sueño soñé, doncellas,
que me ha dado gran pesar;
que me veía en un monte
en un desierto lugar:
de so los montes muy altos
un azor vide volar,
tras dél viene una aguililla
que lo ahínca muy mal.
El azor con grande cuita
metióse so mi brial;
el aguililla con grande ira
de allí lo iba a sacar;
con las uñas lo despluma,
con el pico lo deshace.
Allí habló su camarera,
bien oiréis lo que dirá:
—Aquese sueño, señora,
bien os lo entiendo soltar:
el azor es vuestro esposo,
que viene de allen la mar;
el águila sedes vos,
con la cual ha de casar,
y aquel monte es la iglesia
donde os han de velar.
—Si así es, mi camarera,
bien te lo entiendo pagar.
Otro día de mañana
cartas de fuera le traen;
tintas venían de dentro,
de fuera escritas con sangre,
que su Roldán era muerto
en la caza de Roncesvalles.

ROMANCE QUE DICEN: POR LA MATANZA VA EL VIEJO

Por la matanza va el viejo,
por la matanza adelante;
los brazos lleva cansados
de los muertos rodear:
vido a todos los franceses
y no vido a don Beltrán.
Siete veces echan suertes
quién le volverá a buscar;
echan las tres con malicia,
las cuatro con gran maldad:
todas siete le cupieron
al buen viejo de su padre.
Vuelve riendas al caballo,
y él se lo vuelve a buscar,
de noche por el camino,
de día por el jaral.
En la entrada de un prado,
saliendo de un arenal,
vido estar en esto un moro
que velaba en un adarve:
hablóle en algarabía,
como aquel que bien la sabe:
—Caballero de armas blancas,
¿si lo viste acá pasar?
si le tienes preso, moro,
a oro te le pesarán,
y si tú le tienes muerto
désmelo para enterrar,
por que el cuerpo sin el alma
muy pocos dineros vale.
—Ese caballero, amigo,
dime tú, ¿qué señas ha?

—Armas blancas son las suyas,
y el caballo es alazán,
y en el carrillo derecho
él tenía una señal,
que siendo niño pequeño
se la hizo un gavilán.
—Ese caballero, amigo,
muerto está en aquel pradal;
dentro del agua los pies,
y el cuerpo en un arenal:
siete lanzadas tenía,
pásanle de parte a parte.

ROMANCE DEL PALMERO

De Mérida sale el palmero,
de Mérida, esa ciudad:
los pies llevaba descalzos,
las uñas corriendo sangre.
Una esclavina trae rota,
que no valía un real,
y debajo traía otra,
¡bien valía una ciudad!
que ni rey ni emperador
no alcanzaba otra tal.
Camino lleva derecho
de París, esa ciudad;
ni pregunta por mesón
ni menos por hospital:
pregunta por los palacios
del rey Carlos do están.
Un portero está a la puerta,
empezóle de hablar:

—Dijésesme tú, el portero,
el rey Carlos ¿dónde está?
El portero que lo vido,
mucho maravillado se ha,
cómo un romero tan pobre
por el rey va a preguntar.
—Digádesmelo, señor,
de eso no tengáis pesar.
—En misa estaba, palmero,
allá en San Juan de Letrán,
que dice misa un arzobispo,
y la oficia un cardenal.
El palmero que lo oyera
íbase para San Juan:
en entrando por la puerta
bien veréis lo que hará.
Humillóse a Dios del cielo
y a Santa María su Madre,
humillóse al arzobispo,
humillóse al cardenal
porque decía la misa
no porque merecía más:
humillóse al emperador
y a su corona real,
humillóse a los doce
que a una mesa comen pan.
No se humilla a Oliveros,
ni menos a don Roldán,
porque un sobrino que tienen
en poder de moros está,
y pudiéndolo hacer
no le van a rescatar.
Desque aquesto vio Oliveros,
desque aquesto vio Roldan,
sacan ambos las espadas

para el palmero se van.
El palmero con su bordón
su cuerpo va a mamparar.
Allí hablara el buen rey
bien oiréis lo que dirá:
—Tate, tate, Oliveros,
tate, tate, don Roldán,
o este palmero es loco,
o viene de sangre real.
Tomárale por la mano,
y empiézale de hablar:
—Dígasme tú, el palmero,
no me niegues la verdad,
¿en qué año y en qué mes
pasaste aguas de la mar?
—En el mes de mayo, señor,
yo las fuera a pasar.
Porque yo me estaba un día
a orillas de la mar
en el huerto de mi padre
por haberme de holgar:
captiváronme los moros,
pasáronme allende el mar,
a la infanta de Sansueña
me fueron a presentar;
la infanta desque me vido
de mí se fue a enamorar.
La vida que yo tenía,
rey, quiero vos la contar.
En la su mesa comía,
y en su cama me iba a echar.
Allí hablara el buen rey,
bien oiréis lo que dirá:
—Tal captividad como esa
quien quiera la tomará.

Dígasme tú, el palmerico,
¿si la iría yo a ganar?
—No vades allá, el buen rey,
buen rey, no vades allá,
porque Mérida es muy fuerte,
bien se vos defenderá.
Trescientos castillos tiene,
que es cosa de los mirar,
que el menor de todos ellos
bien se os defenderá.
Allí hablara Oliveros,
allí habló don Roldán:
—Miente, señor, el palmero,
miente y no dice verdad,
que en Mérida no hay cien castillos,
no noventa a mi pensar,
y estos que Mérida tiene
no tiene quien los defensar,
que ni tenían señor,
ni menos quien los guardar.
Desque aquesto oyó el palmero
movido con gran pesar,
alzó su mano derecha,
dio un bofetón a Roldán.
Allí hablara el rey
con furia y con gran pesar:
—Tomalde, la mi justicia,
y llevédeslo ahorcar.
Tomádolo ha la justicia
para habello de justiciar;
y aun allá al pie de la horca
el palmero fuera hablar:
—¡Oh mal hubieses, rey Carlos!
Dios te quiera hacer mal,
que en un hijo solo que tienes

tú le mandas ahorcar.
Oídolo había la reina
que se le paró a mirar:
—Dejédeslo, la justicia,
no le queráis hacer mal,
que si él era mi hijo
encubrir no se podrá,
que un lado ha de tener
un extremado lunar.
Ya le llevan a la reina,
ya se lo van a llevar:
desnúdanle una esclavina
que no valía un real;
ya le desnudaban otra
que valía una ciudad:
hallándole han al infante,
hallándole han la señal.
Alegrías se hicieron
no hay quien las pueda contar,
hijo, por te contentar.

ÍNDICE